Lency Spezzano

Gib den Weg frei für die Liebe

Leitfaden zum Öffnen des Herzens

Übersetzung aus dem Amerikanischen:
Dorothea Augustinski, Fulda

Originaltitel:
Make Way For Love
A Story to Open Your Heart

---

3. Auflage 2009
Verlag Via Nova, Alte Landstraße 12, 36100 Petersberg
Telefon: (06 61) 6 29 73
Fax: (06 61) 9 67 95 60
E-Mail: info@verlag-vianova.de
Internet:
www.verlag-vianova.de
www.transpersonale.de
Umschlaggestaltung: Kommunikationsdesign Guter Punkt, München
Satz: Sebastian Carl, 83123 Amerang
Druck und Verarbeitung: Fuldaer Verlagsanstalt, 36037 Fulda
© Alle Rechte vorbehalten
ISBN 978-3-86616-129-0

*Für Chuck, meinen geliebten Ehemann,
meinen Partner und meinen Erretter*

Danksagung

An erster Stelle danke ich voller Stolz meinem Ehemann, Chuck Spezzano, Ph. D., für seine Theorie und seine Methodik (der »Psychologie der Vision«), die Eingang in meine Arbeit gefunden hat und sich in den Beispielen, die in diesem Buch gesammelt sind, widerspiegelt. In dieser Hinsicht ist es mir nicht möglich, eine klare Trennungslinie zwischen seinen und meinen Gedankengängen zu ziehen.

Ich danke Herrn Mark Wadleigh, meinem Freund und Partner bei der Entstehung des Buches. Für seine Vorstellungen von diesem Buch, seine Ideen und seine Veröffentlichung des Buches, einschließlich der vielen Stunden, die er benötigte, um mein Manuskript in seinen Computer zu tippen, bin ich ihm sehr verbunden. Marks eigenes Kapitel »Die beiden Zehnjährigen« sowie seine fortwährende Unterstützung und seine Ermutigung waren für mich von unschätzbarem Wert.

Ich danke meinen Kindern, Christopher und Jaime, dafür, dass sie zu meiner Entwicklung und meiner Reife beigetragen haben, und meinen Eltern dafür, eine erfolgreiche, liebende Eltern-Kind-Beziehung aufgebaut zu haben.

Ich danke den Teilnehmern meiner Seminare und Beratungsgespräche für ihren Beitrag zu meinen Einsichten und Erkenntnissen und dafür, mir die Möglichkeit gegeben zu haben, so viel zu empfangen.

Schließlich möchte ich mich bei allen Kindern des »Support Centers« (dem Unterstützungszentrum für schwerkranke Kinder) und ihren Familien bedanken. Ihr alle wart liebende und mutige Lehrer für mich.

Inhalt

Vorwort 11
Einführung 13
Arthur 16
Die Frau aus Nagasaki 21
Der Fall 27
Die Reise zum Glück 33
Die Schönheit des menschlichen Geistes 37
Überheblichkeit 41
Rückzug 44
Selbsterforschung 49
Die Eheschließung 53
Eine neue Weltsicht 57
Experten 60
Ein Traum 63
Das Unterstützungszentrum 67
Chuck 71
Ehrlichkeit 77
John 81
Shannon 85
Lisa 91
Wendy 97
Elias 105
Ein erfreulicher Umschwung 110
Verliebt 114
Wie der Duft von Maile-Blättern 118

Wage es, alles zu fühlen!	124
Die Tagung	130
Kleine Taten der Liebe	133
Die Entscheidung	136
Zuversicht	141
Kinder	144
Sieh nur das Schöne!	148
Feiglinge	153
Das Paar aus Tokio	155
Herzeleid	159
Reife	163
Kuschelzeit	167
Alles, was Du brauchst, ist Liebe	170
Die höchste Wirklichkeit	173
Gottes Augen	176
Der Dreiteiler	183
Die Unwiderstehlichkeit der Liebe	187
Schwarz und Weiß	193
Empfangen	200
Lass Mauern einstürzen!	205
Die beiden Zehnjährigen	213
Entscheide dich für die Liebe!	221
Glück	226

Vorwort

Folgendes hat sich an einem Seminar mit Lency Spezzano vor acht Jahren in Hawaii ereignet: Lency saß mir auf einem Stuhl gegenüber und schaute mir in die Augen. Ihr Blick war von so entwaffnender Offenheit, dass es mir zusehends schwer fiel, ihn unbefangen zu erwidern. Ich versuchte mir nichts anmerken zu lassen. Als nächstes sah ich eine Träne, wie sie dick und langsam aus Lencys linkem Auge quoll. In meiner Herzgegend verspürte ich eine seltsame Schwermut, zunächst von zarter Schwingung, dann immer stärker … bis ich schließlich in einem Ozean tiefster Trauer unterzugehen glaubte: Szenen aus meiner Kindheit, unglückliches Verliebtsein, Szenen sterbender Kinder aus dem Spitalalltag … Lencys Augen funkelten feucht, strahlten eine tiefe Anteilnahme aus. Ich war dankbar, in diesem Moment nicht allein zu sein, allein auf diesem Meer scheinbar vergessener, entfesselter Gefühle.

Plötzlich realisierte ich etwas Neues: Lency bot mir nicht nur ihr Mitgefühl, sondern auch Führung an. Sie schien sich hier offensichtlich bestens auszukennen, wusste, wie mir zumute war, und erkannte, in welche Richtung es Kurs zu halten galt. Ich schenkte ihr mein Vertrauen, und Lency führte mich wegkundig durch ungeahnte Tiefen und Höhen meiner selbst.

Irgendwann glättete sich der Sturm, es wurde still und friedlich in mir. Immer noch schaute ich in Lencys blaue Augen … und ich wusste, die Reise war noch nicht zu Ende. Was alsdann folgte, war die unbeschreiblichste und mystischste Erfahrung meines Lebens. Sie hat mein Leben tief greifend und dauerhaft verändert.

Lency Spezzano hat zwei grundlegende psychotherapeutische Fähigkeiten zu einer hohen Kunst entwickelt: Erstens, wie wir Gefühle – und seien sie noch so intensiv und negativ – ohne Ablenkung durch Entäußerung durchleben und vollenden können. Und zweitens, wie wir uns vorurteilslos mit einem anderen Menschen innerlich verbinden können.

Während der letzten acht Jahre habe ich erlebt, wie die Begegnung mit Lency das Leben vieler Menschen verändert hat – kreuz und quer durch die Kontinente, ungeachtet aller kulturellen, persönlichen oder religiösen Verschiedenheiten – als ob Lency das Licht spürbarer Menschlichkeit im Herzen jedes Einzelnen angezündet hätte.

In diesem Buch erzählt Lency in berührender Weise, wie sie selbst in ihrem eigenen Leben den Weg für die *Liebe* freigegeben hat.

Dr. Christian Larsen

Einführung

Als ich 28 Jahre alt war, schien ich alles zu haben – Erfolg, Anerkennung, Chancen, ein attraktives Aussehen, insgesamt ein »gutes Leben«. Gut mit einer Ausnahme: Ich konnte es nicht *fühlen*. Ich konnte überhaupt nicht viel empfinden. Alles war eigentlich nicht schlecht, aber auch nie richtig gut. Jede Form von Glück war flüchtig und leer. Enttäuscht und unzufrieden schämte ich mich sogar, vor mir selbst einzugestehen, dass ich weder lieben noch mich geliebt fühlen konnte. Ich wusste, ich verpasste das Beste am Leben. Mein Erwachen erfolgte aus dem Wunsch heraus, wirklich zu sein, ein echter Mensch zu sein und mich selbst zu kennen. Schritt für Schritt brachte mich die Schule des Lebens in eine persönliche, mystische Verbindung mit der Liebe. Ich lernte, wie ich die Gnade der Liebe auf andere als heilende Kraft überströmen lassen konnte.

Heute, im Alter von 40 Jahren, kann ich wieder fühlen, und die Liebe ist greifbares Wesen und Kraft in meinem Leben. Sie heilt, stärkt, bringt die Dinge in Ordnung, wenn etwas schief läuft, und sie versüßt das Leben. Sie erreicht die Herzen der Menschen, mit denen ich mich verbinde, sie befreit von Schmerz und Leid und schafft die Voraussetzungen für Intimität und Ekstase.

Diese Verbindung zur Quelle der Liebe ist die Freude, für die das menschliche Herz geschaffen ist, und der Zweck unseres Daseins. Es ist die Liebe, die ich uns allen wünsche. Dies ist kein Anleitungsbuch zum Erlernen der Liebesfähigkeit, weil wir lieben lernen, indem wir geliebt werden. Du und ich, wir beide, haben nicht die Gelegenheit, zusammenzusitzen und diese Erfahrung zu teilen. Ich hoffe, dass du durch deine Beziehung zu diesem Buch, durch die gedruckten Passagen, die direkt an *dich* gerichtet sind, Liebe empfangen kannst, die dein Herz berührt, es zur inneren Wandlung bereit macht und dich auf den Weg weiteren Wachstums führt.

Wenn du über die Erfahrungen liest, die mein Herz geöffnet haben, hoffe ich, dass du alle Gefühle zulässt, die sich in dir regen, und alles fühlst, was du kannst – selbst Leere, Kälte und Dissoziation, wenn diese Gefühle aufkommen; sie gehören alle dazu. Wenn die Liebe erst zu dir gefunden hat, wenn sie mit uneingeschränkter und bedingungsloser Zärtlichkeit eine feste Verbindung zwischen dir und anderen geschaffen hat, wird die Welt auf eine Art aufblühen, die jenseits deiner momentanen Vorstellungskraft liegt. Unbekannte Gebiete der Seligkeit und des Einsseins mit dem eigentlichen Leben liegen vor dir und rufen dich.

Möge dieses Buch ein Schritt zu dieser Schönheit und ein Begleiter auf deiner Reise *nach Hause* sein!

Sei gegrüßt, liebe Freundin, lieber Freund! Es ist gut, dass du gekommen bist. Ich habe lange darauf gewartet, mit dir zu sprechen, und ich kann nur auf diesem Weg zu dir sprechen. Jetzt habe ich dich erreicht ...

Dich ... ganz besonders ... ganz persönlich dich!

Jetzt, wo du da bist, gibt es so vieles, das ich dir sagen möchte, vieles, das ich mit dir teilen möchte. Was mühsam in vielen Jahren gelernt wurde, sollst du jetzt entspannt zu Hause entdecken. Ich wünschte, du hättest all dies nicht vor langer Zeit vergessen, aber das Wichtigste ist, dass du jetzt lernst, dich wieder daran zu erinnern.

Es liegt ein Geheimnis hinter dem ersten Schleier der Wahrnehmung: ein Geheimnis, das man normalerweise nicht sieht, das man mit offenem Herzen fühlen muss, das den Sinn des Lebens erschließt und das Leben, das wir bisher gelebt haben, verglichen mit dem besseren Leben, das darauf wartet, entdeckt zu werden, zur bloßen Täuschung werden lässt.

Einige haben die größten Mühen auf sich genommen, dieses Geheimnis zu entdecken. Diejenigen, die es geschafft haben, haben die Anstrengungen nie bereut. Einige haben sogar mit ihrem Leben bezahlt.

Hier ist die Geschichte eines solchen Menschen. Ich hoffe, dass du durch diese einfache Botschaft leicht den Preis gewinnen wirst, für den er sein Leben gelassen hat ...

Arthur

An seinem letzten Tag, einem wunderschönen tropischen Sommertag des Jahres 1982, machte Arthur mir ein Geschenk fürs Leben. Meine Geschichte beginnt drei Monate früher.

Er war 19 Jahre alt, als sein Arzt ihn an mich überwiesen hat. Arthurs Psyche hatte einen massiven Verdrängungsmechanismus gegen das Bewusstsein aufgebaut, dass er seiner Krebserkrankung erliegen wird, und nichts konnte ihn mehr erreichen. Sein Arzt fragte am Telefon vorsichtig an, ob wir ihm in unserem Betreuungszentrum helfen könnten.

Arthur war ein Einheimischer mit philippinischer Abstammung aus einem kleinen Küstenort auf der Insel Oahu, Hawaii, eine Autostunde von uns entfernt. Arthurs Arzt, der mit solch jungen Krebspatienten keine Erfahrung hatte, war ihm zutiefst verbunden. Er wollte ihm begreiflich machen, dass er sterben werde; er wünschte, dass Arthur Frieden mit der Welt schließe und seinen Tod so bewusst wie möglich annehme.

Arthur hatte an unserem Seminar für Kinder mit lebensgefährlichen Krankheiten teilgenommen. Obwohl er anderen viel geholfen hat, sagte er dort niemandem, dass er krank war. Das Verleugnen seiner Krankheit brachte ihn manchmal sogar dazu, eine medizinische Behandlung im Krankenhaus abzulehnen. Wenn er im Krankenhaus war, ließ Arthur keine Besuche seiner Familie zu. Obwohl ich mir viel Zeit für ihn genommen hatte, kam ich nie wirklich an ihn heran.

Eines Morgens rief sein Arzt mich an und teilte mir mit, Arthur sei wieder im Krankenhaus. Er werde den Tag möglicherweise nicht mehr überleben. Der Arzt bat mich, noch einen letzten Versuch zu unternehmen, Arthur zu helfen. Als ich dort hinfuhr, fürchtete ich, der Situation nicht gewachsen zu sein; was ich tun oder sagen könnte, würde nicht ausreichen, etwas zu bewirken.

Es war ein schmerzhaft schöner Tag in Waikiki. Vom Krankenhaus blickte man auf den Strand und die Hänge des ›Diamond Head‹. Arthur lag allein in einem winzigen Raum ohne Fenster, mit Kanülen und Schläuchen an ein Bluttransfusionsgerät gefesselt. Ein Leberversagen hatte die Farbe seiner Haut in ein fahles Gelb verwandelt, seine gelbsüchtigen Augen wirkten matt. Arthur war dem Tod sichtbar nahe. Ich setzte mich neben ihn und versuchte, mit offenem Herzen auf ihn zuzugehen. Ich blickte ihn an und fragte ihn kurz danach: »Wie ist es?« Zum ersten Mal sahen wir uns wirklich in die Augen. Dann hatte ich das Gefühl, als ob mit einem Ruck, den wir wohl beide in unserem Herzen spürten, der Schleier zwischen uns weggerissen wurde und zum ersten Mal Vertrautheit zwischen uns aufkam.

Er sprach jetzt unmittelbar zu mir, nicht mehr durch das übliche Dickicht aus Furcht und Verleugnung. Mit klarer und sicherer Stimme erzählte er mir, was er aus seinem Leben gelernt hatte: »Ich dachte immer, ich wüsste, was wichtig sei. Früher glaubte ich, ein langes Leben sei wichtig, aber davon bin ich abgekommen. Dann dachte ich, es sei wichtig, wenigstens erwachsen zu werden und eine Familie zu gründen, aber auch von dieser Vorstellung habe ich mich gelöst. Später meinte ich, wichtig im Leben seien eine gute Ausbildung, ein Auto und eine Freundin; doch ich ließ auch diesen Gedanken fallen. Schließlich kam ich zu der Überzeugung, das Wichtigste sei Gesundheit. Aber heute musste ich selbst diese Vorstellung aufgeben. Heute sehe ich, was wirklich wichtig ist. Das einzig Wichtige im Leben ist, wie viel Liebe man gibt und empfängt.« Die schlichte Wahrheit, mit der er das sagte, faszinierte mich, und ich war ergriffen von dem, was er mir als Nächstes mitteilte: »Deswegen fühle ich mich jetzt so elend. Ich habe das Gefühl, ich war nie fähig, Liebe zu schenken oder zu empfangen.« Die Verzweiflung in seinem Gesicht war so groß und schmerzhaft, dass die Welt plötzlich stillstand. In dieser Stille gab es nur ihn und mich, und ich war am Zug.

Ich bat Arthur, mir folgende Fragen zu beantworten: In welchem Alter kam er zu der Überzeugung, er sei nicht wert, geliebt zu werden? Wo war das? Wer war bei ihm? Was geschah? Was wurde gesagt?

Er erinnerte sich sofort an eine Zeit aus seiner Kindheit. Er hatte den Eindruck, sein Vater lehne ihn ab. Daraus schlussfolgerte er, wenn sein eigener Vater ihn schon nicht liebe, sei er wohl überhaupt nicht liebenswert.

Als er jetzt mit dem Verstand eines Neunzehnjährigen auf diese Zeit seiner Kindheit zurückblickte, sah er ein, dass sein Vater ihn gar nicht abgelehnt hatte. Er hatte damals nur gerade seinen Arbeitsplatz verloren und befand sich in einer Krise, die durch Selbstzweifel und äußere Zwänge ausgelöst wurde. Er hatte Angst, seine große Familie nicht mehr ernähren zu können. Die Prügel, die sein Sohn von ihm erhielt, waren der fehlgeleitete Ausdruck seiner Existenzangst und nicht Zeichen der Ablehnung. In Wirklichkeit hat er Arthur immer geliebt.

Arthur erkannte nun, dass er über Jahre hinweg seine Liebe grundlos verweigert hatte. Das Fehlverhalten beruhte auf einem Missverständnis.

Ich sagte ihm etwas, das ich aus dem Buch *Ein Kurs in Wundern* gelernt hatte: »»Liebe ist nicht abhängig von der Zeit, sondern von der Aufnahmebereitschaft«. Alle Liebe, die du erfahren hast, ist noch in dir und wartet nur darauf, in dein Herz eingelassen zu werden. Jetzt könntest du sie einlassen.« Das ließ Arthur aufhorchen. Mit neuem Glanz in seinen Augen erklärte er sich bereit, alle Liebe, die seine Freunde ihm über Jahre entgegengebracht haben, anzunehmen. Er schloss die Augen und öffnete sein Herz. Er blieb einige Minuten lang ganz ruhig liegen und nahm den süßen Trost in sich auf, die Liebe seiner Freunde zu spüren. Ein Hauch von Frieden erfüllte die Luft, und ein wohliges Glücksgefühl breitete sich aus.

Erfasst von diesem Glücksgefühl, sagte Arthur, er sei auch bereit, die Liebe seiner Familie zuzulassen. Wieder versank Arthur in sein Inneres, seine Augen ruhig geschlossen. Die Zeit verging langsam und zäh. Ich dachte, Arthur sei eingeschlafen. Doch nach einer Weile schaute er mich an und sagte lächelnd: »Jetzt bin ich bereit, die Liebe Gottes anzunehmen.«

Er schloss die Augen wieder. Die Atmosphäre großer, unschuldiger Freude verwandelte das Zimmer in eine heilige Stätte. Ein Ausdruck der Glückseligkeit flog über Arthurs Gesicht. Einen Augenblick später nahm ich schweigend von ihm Abschied und ließ ihn in der Gemeinschaft mit seinem Schöpfer.

Am nächsten Morgen rief der Arzt mich an. »Was haben Sie Arthur gestern gesagt?«, fragte er aufgeregt. Als ich zögerte, erklärte er mir rasch, er habe um Mitternacht den gefürchteten Anruf der Nachtschwester erhalten, dass Arthur sterbe. Er sei so schnell wie möglich ins Krankenhaus gefahren, aber man habe ihm bei seiner Ankunft mitgeteilt, Arthur sei schon tot.

Er habe sich entschlossen, das Zimmer, in dem Arthur lag, noch einmal zu betreten, um ihm ein letztes Lebewohl zu sagen. Als er ans Bett gekommen sei und ins Gesicht des Jungen geschaut habe, habe er seinen Augen nicht getraut. Er sah das glückseligste Lächeln, das er jemals in seinem Leben gesehen hatte. Ein Ausdruck unbeschreiblicher Freude und Erfüllung sprach von der Verklärung, die Arthur im Tod erfahren hatte. Der Arzt hielt den ausgemergelten Körper des Jungen in den Armen und weinte Tränen des Schmerzes, der Freude und der Hoffnung.

Dieser Mann hatte sich auf die Krebstherapie spezialisiert, um seine eigene Todesangst zu bewältigen. Arthurs Tod in innerer Freude war das größte Geschenk, das er seinem Arzt machen konnte. Das Geschenk, das ich von Arthur erhalten habe, war die Erkenntnis, dass es nie zu spät ist, eine glückliche Kindheit gehabt zu haben.

Erforsche dein Herz! Kannst du es finden? Und wenn du es findest, was findest du? Ich spüre, dass auch du, wie so viele andere, nach Liebe dürstest. Auch du hattest falsche Vorstellungen von deinem persönlichen Wert und dem Ausmaß deines Geliebtwerdens – geliebt zu werden dafür, wer du bist, nicht dafür, was du kannst oder werden könntest. Du hast ein starkes Verlangen danach, einfach dafür geliebt zu werden, dass du du selbst bist. Du brauchst dieses Gefühl. Und die Liebe braucht dich in gleichem Maße. Sogar noch mehr.

Die Liebe, von der ich spreche, hat nur ein Ziel, nur ein Verlangen, das größer ist, als wir es uns überhaupt vorstellen können. Es ist das Verlangen, uns zum tiefen Bewusstsein der Einheit mit ihr zu führen.

Die Hoffnung dieser Frau, einmal Liebe zu erfahren, war so groß wie deine eigene Hoffnung …

Die Frau aus Nagasaki

Das Gesicht der Frau aus Nagasaki, die an unserem Seminar teilnahm, war kräftig und schlicht, doch eine verdeckte Sinnlichkeit verlieh ihm auch eine gewisse Schönheit. Die Bombe hatte ihre Eltern zwar nicht getötet, aber eine andere Tragödie. Mit 13 Jahren war sie verwaist, und seit dieser Zeit hat sie immer nur gearbeitet. Mit Intelligenz und Fleiß hatte sie sich ihre Ausbildung als Krankenschwester und damit ihre Unabhängigkeit erworben. Jetzt, viele Jahre später, litt sie unter der Einsamkeit in ihrem Leben. Sie liebte einen Mann, auf den sie aber nicht wirklich zugehen konnte. Aber sie wollte ihr Leben mit jemandem teilen, wollte geliebt werden, eine Bindung zu jemandem haben. Über meinen Dolmetscher fragte sie mich, was sie tun könne.

Ich fragte sie, ob sie sich einer echten Beziehung verweigere, weil sie sich nicht vorstellen könne, anders zu leben als verwaist, verlassen und einsam. Hatte sie nie aufgehört, den Verlust ihrer Mutter und ihres Vaters zu beklagen, die Angst und die Seelenqual zu durchleiden? War es der alte Schmerz, der zwischen ihr und ihrem Glück stand?

Ja.

Würde sie den Willen aufbringen, den Schmerz des Verlassenseins zu überwinden und damit den Zwang, einsam sein zu müssen, abzuschütteln?

Ja.

Die Frau kam nach vorne und setzte sich neben mich. Langes Leiden hatte ihren Blick stumpf werden lassen. Ihr Schmerz war tief in ihrer Seele vergraben, losgelöst von ihr, verdrängt. Sie schaute mich mit leeren, aber bereiten Augen an.

Indem ich meine ganze Aufmerksamkeit auf sie konzentrierte, gelang es mir, sie zu meinem Mittelpunkt zu machen; sie war nicht nur das Wichtigste für mich, wichtiger als ich selbst, sie war das Universum. An diesem Punkt angekommen, spürte ich, dass ich diese Frau war. Wir waren eine Einheit, ich war vergessen; ich war bereit, hier zu sein, sie zu sein, für immer, um jeden Preis.

Durch diese Verbindung mit ihr drang ich in ihre Seele vor und suchte nach etwas in ihrem Inneren, an dem ich mich festhalten konnte, wodurch ich lernen und erfahren konnte.

Zwei Minuten lang schauten wir uns an, ich suchte den Zugang zu ihrem Herzen. Die anderen japanischen Seminarteilnehmer beobachteten uns. Sie wussten aus früheren Erfahrungen, was geschehen würde.

Schließlich spürte ich in meiner Brust die raue und dicke Schicht einer unterdrückten menschlichen Erfahrung, ein Gefühl, das noch zu tief im Unterbewusstsein der Frau lag, um benannt werden zu können. Das war der Anfang, eine Spur, der erste Angriffspunkt. Ich konnte jetzt damit beginnen, ihr Herz mit meinem Herzen zu erspüren.

Aber dann, ach! … Trauer, Schmerz, Verlust! … Die Frau fällt nach vorne in sich zusammen und weint, die Hände vor dem Gesicht. Tief in ihrem Inneren packe ich den Schmerz und ziehe ihn ans Licht.

Ein Gefühlssturm von heftigster Intensität fegt durch uns durch, dann folgen die Süße der Erleuchtung und eine wilde Begeisterung. Wir *leben*! Das Leben verlangt, dass alles, was nicht im Lot ist, ins Gleichgewicht gebracht wird und alles, was zerbrochen ist, zusammengefügt wird. Erst weint die Frau, dann wirft sie sich in meine Arme.

Ich nehme Bewegung in der Gruppe wahr: zuckende Arme und Beine, schaukelnde Körper; die anderen stehen jetzt tief in ihrem eigenen Heilungsprozess. Die Mitarbeiter des Seminars halten und stützen diejenigen Teilnehmer, die am schnellsten durch ihre Empfindungen taumeln. Fast jeder im Raum ist tränenblind, als der alte, vielleicht sogar uralte Schmerz der Einsamkeit freigesetzt wird. Zwei Männer schreien am lautesten. Es ist Musik, ist das Schönste, es ist Geburt.

Das Gefühl strömt durch mein eigenes Herz wie ein reißender Fluss. Ein Glücksgefühl. Bald zeigt die Waage der Gefühle eine bemerkenswerte Verlagerung an. Ich kann Liebe fühlen. LIEBE! Eine Liebe, so groß, so ewig, so voller Freude und erfüllend, so lebendig und voller Empfindung. Ich fühle mich klein in ihrer Gegenwart, aber nicht bedrückt. Ich zeige Dankbarkeit, nicht Ablehnung.

Die Verwandlung geschah auch in der Frau und im Bewusstsein der Gruppe. Die Frau weint immer noch, als ich ihr in die Augen schaue, aber die Tränen kommen jetzt aus der Begegnung mit der Liebe. Ihre Energie ist fast unerträglich, da sie den bisherigen Mangel, den erlittenen Verlust deutlich werden lässt. Die Gruppe taumelt unter der Wucht der Wirkung und weint vor Sehnsucht.

Als ich die Frau anschaue, werde ich von Mitgefühl über ihr Schicksal hinaus erfasst. In ihrem fremden Gesicht sehe ich unzählige Millionen von Kindern auf Erden, die ihr Leben mit der gleichen Sehnsucht leben, die im Herzen verkümmern, die nach Liebe hungern. Wir sind alle eins, miteinander verbunden, in Wirklichkeit nur ein Wesen!

Mein Bewusstsein erweitert sich, und ich nehme die Engel oder unsere Freunde wahr – wer sie auch seien –, die sich immer jenseits unseres Wahrnehmungsvermögens befinden und uns mit Aufmerksamkeit, Umsicht und Hilfe begleiten. Wie wunderbar zu wissen, dass es sie gibt! Süße Gemeinschaft!

Dann erfolgt eine weitere Bewusstseinsveränderung. Eine dünne Haut in meinem Inneren zerreißt. Ich bin nicht länger ich selbst oder nicht mehr nur ich selbst. Mein Bewusstsein erhebt sich zu der Erfahrung, dass ich als Mensch eins bin mit Gott, dem Vater – Gott, der Mutter. Diese Frau und diese Kinder gehören Uns. Wir lieben sie mehr, als Worte sagen können. Durch sie erreiche ich Uns selbst. Ich fühle, wie sie

Uns empfangen ... Erfüllung ... Freude ... Ekstase ... Einssein!

Ich höre ein Lachen, und ich kehre zu mir selbst zurück. Als ich um mich schaue, lachen schon viele voller Freude, dankbar und überströmend umarmen sie sich. Als ich mich wieder der Frau zuwende, bemerke ich ihren erstaunten Blick.

»Danke! Danke! Ich fühle mich jetzt glücklich!«, sagt sie auf Englisch.

In meinem Herzen kann ich ihre Verwandlung fühlen. Sie ist geheilt, sie ist ein ganzer Mensch, offen, lebendig, glücklich. Ihr Leben wird sich ändern.

Göttliche Gnade fließt auf uns hernieder. Wir werden geliebt; die Engel singen und tanzen.

Lass mich dich zurück zum Ursprung führen, zurück zum Paradies vor dem Sündenfall, vor der Vertreibung. Teste, ob diese Geschichte eine halb vergessene Erinnerung in deiner Seele weckt, eine Erinnerung an Frieden, Freude, Unbeschwertheit, die Besinnung auf deinen eigenen Wert, auf eine Zeit der Schönheit, der Gnade, der Liebe.

Das Paradies gibt es wirklich, und es wartet immer auf dich. Es ist ein Seelenzustand, der zu dir von Unschuld und Geborgenheit spricht. Es ist die Wirklichkeit des Himmels auf Erden, und es ruft nach dir, es ruft deinen Namen …

Der Fall

Als es in meinem Leben zum ersten Mal einen Kurzschluss gab, war ich vier oder fünf Jahre alt. Bis zu diesem Zeitpunkt genoss ich, was man eine glückliche Kindheit nennt. Ich wuchs in einer ländlichen Gemeinde in Arizona auf und führte ein unbeschwertes Leben. Meine Erinnerungen an diese Zeit sind alle so glücklich, als hätte ich im Garten Eden vor dem Sündenfall gelebt.

Ich wurde auf einer Welle voll süßer und freudiger Energie durch mein Leben getragen, ich stand im Mittelpunkt eines Strahls warmen, liebenden Lichtes. Mein Körper bewegte sich mit der Leichtigkeit eines Tieres. Ich verspürte reinsten Lebensgenuss.

Das Beste war die Freude, zu genießen, wer ich war. Ich genoss es einfach, ich zu sein, zu wissen, wie schön, wie wunderbar und liebenswert ich war! Ich liebte das Leben und mich selbst. Ich war ein kleiner Engel, der im Paradies lebte und seinen Glanz mit großer Begeisterung verbreitete.

Das Erziehungsprinzip meiner Eltern bezeichnete meine Mutter als »wohlwollende Vernachlässigung«. Das hieß, ich hatte die Freiheit, meine Tage so zu verbringen, wie ich es wollte, in den Gärten und auf den Feldern in meiner Umgebung.

Ich verbrachte endlose Stunden damit, mit Tieren zu spielen. Mein älterer Bruder sorgte für einen unerschöpflichen Vorrat an Schlangen, Eidechsen, Kröten, Bienen, Skorpionen, Tauben und Kaninchen.

Neben Hunden und zahmen Hühnern hatten wir auch immer viele Katzen. Ich kannte und liebte jedes der Tiere und lernte sogar ihre Sprache. Ich konnte den Laut einer Katzenmutter, mit dem sie ihre Jungen ruft, so perfekt imitieren, dass ich leicht wilde Kätzchen zu mir rufen und sie zähmen konnte. Ich glaubte wirklich, dass ich mich mit den Katzen unterhalten konnte.

Am liebsten hatte ich einen großen, griesgrämigen, ingwerfarbigen Kater namens Peaches. Jeden Tag zog ich ihm Puppenkleider an und spielte Mutter und Kind mit ihm. Nachdem er mit Hut, Kleid und Hosen (ein rundes Loch wurde unmerklich herausgeschnitten, damit sein Schwanz durchpasste) ausstaffiert war, setzte ich ihn zum Füttern in meinen Puppenhochstuhl oder schob ihm eine Decke unters Kinn und fuhr ihn im Puppenwagen spazieren.

Wenn ich jetzt daran zurückdenke, weiß ich, dass der stählerne Blick in seinen Augen zu dieser Zeit nur Verlegenheit war. Er war zweifellos gequält von der Vorstellung, dass andere Katzen ihn in dieser kompromittierenden Lage sehen könnten. Trotzdem behielt Peaches immer seine Würde. Er weigerte sich nie oder jammerte, und er ertrug meine Behandlung, die er bei Erwachsenen nie zugelassen hätte.

Der Garten meiner Mutter war mit seinen großen, Schatten spendenden Bäumen, den Blumen, dem weichen, duftenden Gras und den Beeren eine Oase in der heißen, staubigen Wüste. Ich verbrachte die meiste Zeit damit, nur die Formen, Düfte und Farben der Blumen in mich aufzunehmen, Löwenmäulchen zum »Sprechen« zu bringen und Gänseblümchen und Gartenwicken als verzauberte Puppen zu pflücken. Das Leben war nicht nur gut, es war perfekt.

Eines Tages, als ich mitten auf unserer Wiese im Vorgarten stand, erfasste mich eine Welle tiefen Glücksgefühls. Ich meinte, ich müsste vor Glück bersten. Ich verspürte den großen Wunsch, diese Erfahrung mit meiner Mutter zu teilen, und ich führte sie zur Wohnzimmercouch, um mit ihr zu reden. Ich sagte ihr, wie schön das Leben sei und wie sehr ich es liebte.

Begeistert gab ich ihr ein Beispiel: Ich fühlte mich wie an Montagen. Ich sagte ihr, Montag sei mein Lieblingstag, weil ich montags die ganze Woche vor mir hätte, ehe ich sonntags zur Kirche gehen müsse (eine Stunde auf einer harten Kirchenbank ruhig sitzen zu müssen, war eine Qual für mich). Ich wollte ihr damit verdeutlichen, wie aufregend die neue Woche an einem Montag erschien, voller Versprechungen und verführerisch schön.

Dann ging alles schief. Der Gesichtsausdruck meiner Mutter wurde hart und verschlossen. »Nein«, antwortete sie, »das Leben ist nicht so leicht. Du wirst nicht eher richtig glücklich, bis du stirbst und in den Himmel kommst.«

Sagte sie das wirklich? Ich weiß, wenn man sie heute fragte, würde sie es abstreiten. Sie war ein guter Mensch. Ich glaube, sie hoffte, mich vor der Ernüchterung bewahren zu können, die mein Bruder durchlitten hat, als er zum ersten Mal mit der »wirklichen« Welt in Form einer engstirnigen Konfessionsschule konfrontiert wurde. Also überbrachte sie mir lieber gleich selbst die Hiobsbotschaft über das Leben.

Anstatt meine Mutter an meinem Glücksempfinden teilhaben zu lassen, traf ich tragischerweise eine andere Entscheidung, die mir den Himmel verschloss. Es war mein Sündenfall.

Ich erinnere mich genau an die körperlich fühlbare Empfindung, einen langen Tunnel aus schwarzen Wolken hindurchzufallen. Als ich hinabstürzte, mich mit jeder weiteren Drehung vom Licht entfernte und in Angst und Verzweiflung über den Verlust geriet, hörte ich eine Stimme in meinem Kopf, die sehr nüchtern feststellte: »Das war das Dümmste, das ich jemals getan habe.«

Danach erinnere ich mich an nichts mehr. Es war, als hätte ich das Bewusstsein verloren. Ich erinnere mich auch nicht daran, wieder aufgewacht zu sein.

Mein Leben danach war etwas ganz anderes. Ich fing an zu glauben, ich sei das hässlichste Kind, das jemals geboren wurde. Ich entwickelte Ängste und Zwangsvorstellungen und bekam Gesichtszuckungen. Ich schlafwandelte, wurde zum Bettnässer und klagte über Bauchschmerzen. Das Schlimmste aber war das Gefühl, etwas stimme nicht mit mir, etwas, das so grundlegend zu meiner Natur gehörte, dass andere es nicht einmal wahrnehmen konnten.

Ich fühlte mich leer, verkümmert, scheu. Wenn ich mit anderen Kindern zusammen war, konnte ich mich nie wirklich entspannen oder spontan reagieren; ich hatte immer das Gefühl, neben mir zu stehen (beziehungsweise hinter mir) und mich zu beobachten, wie ich mit ihnen umginge. Ich habe nie wirklichen Kontakt bekommen, nie meine Befangenheit abgelegt, und niemals wieder wurde ich von purem Entzücken oder dem Gefühl reinen Glücks erfasst.

Es passierte einige Male in meinem Leben, dass es finster um mich herum wurde. Die Jahre des Heranwachsens waren eine besonders schwierige Zeit. Innerhalb eines Jahres machte ich schrecklichen seelischen Kummer durch: Vergewaltigung durch einen Bekannten, Abtreibung, Verdammung und Ächtung. Mit jedem Trauma sah ich meine Fähigkeit, das Licht wahrzunehmen, schwinden; es war, als ob die Lichter im Raum nacheinander erloschen. Mein Leben wurde dunkel.

Ich glaubte, ich hätte jedes Gebot der Bibel gebrochen und jeden dummen Fehler begangen, den ein Kind aus einer Kleinstadt nur machen kann. Ich war dem Untergang geweiht. Ich glaubte, meinen Weg zurück in den Garten Eden nie mehr finden zu können.

Dein grundlegendes, unveräußerliches Recht als menschliches Wesen ist das Recht, dich selbst zu kennen. Gib dich diesem Ziel hin. Aufklärung oder Selbstfindung heißt einfach: zu wissen, wer du bist, dein Selbst zu erfahren, vor dir kein Geheimnis zu haben. Aber du hast deine Unschuld und deine Schönheit vergessen.

Lass nicht zu, dass die starken Strömungen des Lebens dich besiegen oder dich dazu führen, dich selbst aufzugeben. Verliere nie deinen Mut, deine Bereitschaft zum Risiko, zu wagen, zu LEBEN …

Die Reise zum Glück

Mit 18 Jahren verließ ich mein Elternhaus, um an der Universität von Arizona zu studieren. Zu der Zeit, als ich dort anfing, war ich weit davon entfernt, das natürliche, fröhliche Kind meiner ersten Lebensjahre zu sein. Ich kam in Tucson als junge, kaputte Frau mit gebrochenem Herzen und gedemütigten Gefühlen an.

Im Bemühen, »akzeptiert« zu werden und zurechtzukommen, hatte ich so viele meiner Qualitäten verdrängt und so viele Erfahrungen und Empfindungen verleugnet, dass es schien, als sei mehr von mir unter der Oberfläche verborgen als freigesetzt.

Alles, was von mir übrig geblieben war, war eine nette, höfliche und hilfsbereite Studentin. Ich langweilte mich schrecklich mit mir selbst. Obwohl ich einen Freund und gute Bekannte hatte, fühlte ich mich einsam. Ich empfing so viel Glück, aber mir fehlte die Fähigkeit, mich glücklich zu fühlen. Zu viel von mir war bei dem Versuch, anderen zu gefallen, auf der Strecke geblieben. Ich hielt mir Plastikmasken vor, um die Welt zu täuschen, und merkte noch nicht einmal, dass ich nicht ich selbst war. Ich hatte mich inzwischen so versteckt, dass ich nur noch sehr wenig über mich selbst wusste.

Nach einigen Jahren am College merkte ich schließlich, dass ich mich auf Psychologie spezialisiert hatte, weil ich Hilfe brauchte. Die Tatsache, dass ich mich leise durch viele Psychologiekurse weinte, war ein schlagender Beweis dafür. In meinem letzten Studienjahr unterzog ich mich einer Therapie im Beratungszentrum der Universität und begann mit dem schwierigen Prozess, die Wurzeln meines alten Schmerzes zu suchen, sodass ich wieder herausfinden konnte, wer ich wirklich war.

Ich hatte so viele Gefühle in mir, die aus ihrem Gefängnis ausbrechen wollten, dass ich nur ins Wartezimmer meines Psychologen kommen musste, und die Tränen flossen in Strömen. Ich ging drei Monate lang jeden Freitagnachmittag dort hin, und jedes Mal setzte ich enorme Emotionen frei: Ärger, Unmut, Traurigkeit, Schmerz, Verlegenheit, Enttäuschung und Einsamkeit. Nach jeder Sitzung war ich so erschöpft, dass ich sofort nach Hause ging und das ganze Wochenende im Bett verbrachte, bis ich mich zusammenreißen musste, um montags meine Kurse zu besuchen.

Wir versuchten es mit etwas Gestalt-Therapie und etwas Traumdeutung, ein bisschen von allem, aber meistens brachte mich mein Therapeut mit sanftem Druck dazu, mir einzugestehen, dass ich Empfindungen hatte, die ich nicht wahrhaben wollte. Er war nicht an der Person interessiert, die ich aus mir selbst gemacht hatte, und so kämpfte der ablehnende Teil in mir gegen ihn und machte ihn zu meinem Feind. Ich übertrug meinen Autoritätskonflikt auf ihn … er war meine Eltern, war Barry Goldwater, war herzlos. Aber wie hilfreich war er trotzdem!

An meine letzte Therapiesitzung erinnere ich mich noch sehr genau. Vor allem denke ich mit Respekt und Achtung daran zurück, wenn ich mir über das Maß an Vertrauen und Verantwortungsgefühl klar werde, das mein Therapeut bei dem Wagnis an diesem Tag unter Beweis stellte.

Als ich sein Zimmer betrat, setzte ich mich und konzentrierte mich auf das, was mir bevorstand. Dann sah ich den Psychologen an und wartete darauf, dass er etwas sagte. Er fixierte mich mit einem festen Blick. Er ging auf mich zu, und ohne Vorwarnung oder Provokation stieß er mich in meinen Stuhl zurück!

Ich antwortete mit einem Ausdruck des Erstaunens, dem er mit einem weiteren Stoß begegnete. Bald schubste er mich im ganzen Zimmer herum! Ich wollte mit ihm sprechen, ihn fragen, mich mit ihm auseinandersetzen, aber er antwortete mir nur mit einem kurzen Lächeln und hörte nicht auf. Er suchte die körperliche Auseinandersetzung, und als er mich mit seinem Herumstoßen genug gereizt hatte, ging ich auch darauf ein.

Ich griff ihn an, und wir rangen um unser Leben, die ganze Stunde lang. Scheinbar schwach, hatte ich meine natürliche Kraft und Kampfeslust seit langem verleugnet. Das raue Vorgehen meines Therapeuten hatte in mir eine solche Aggressivität bewirkt, dass eine Welle von Emotionen freigesetzt wurde.

Angesichts meiner Kräfte mussten meine Selbsttäuschung über meine Schwäche, meine Hilflosigkeit, mein Unvermögen weichen. Der Mann war 50 oder 60 Pfund schwerer als ich, aber ich entwickelte meine natürliche Stärke und wälzte mich mit ihm auf dem Fußboden.

Den größten Teil des Kampfes habe ich nur verschwommen in Erinnerung, aber an den Ausgang erinnere ich mich genau: Ich drückte seine Schultern mit meinen Knien zu Boden, und meine Hände fesselten seine Handgelenke über seinem Kopf. Er hatte mit ganzem Einsatz gekämpft und trotzdem gegen mich verloren.

Für einen kurzen Augenblick starrten wir uns an und ließen uns wieder zu Atem kommen. Dann passierte etwas Seltsames. Mein Therapeut fing an zu lachen, er lachte schallend und dröhnend vor Vergnügen und rollte sich dabei über den Boden! Alles, was ich tun konnte, war, ihm mit offenem Mund zuzuschauen. Als er aufstand und sich den Staub von den Kleidern klopfte, verkündete er mir, dass unsere gemeinsame Therapie beendet sei, und warf mich hinaus. Er wusste wohl, dass er mich in eine völlig neue Welt warf.

Das einzige, das ich wahrnahm, war das klare Gefühl, neu geboren worden zu sein. Der Park vor der psychologischen Fakultät wirkte sichtbar freundlicher, lebendiger, klarer. Ich war in ein neues Reich der Gefühle hineingestoßen worden, die ich jetzt annehmen konnte, ohne mich dafür entschuldigen zu müssen; ich konnte die ganze Kraft meiner wahren Natur spüren, ohne sie töten oder verbergen zu müssen.

Langsam wurde mir klar, wie wenig ich über mich selbst wusste, wie wenig bewusst mir war, was ich wirklich fühlte, wie sehr ich ich sein wollte. Und ich bestimmte meinen zukünftigen Kurs.

Manche Probleme sind so tief greifend und so unvorstellbar schwierig zu überwinden, dass viele, die mit solchen Problemen konfrontiert worden sind, ihren Glauben an das Leben verloren haben. Dennoch bergen viele Schwierigkeiten eine große Kraft in sich. Alle Herausforderungen beinhalten Kraft. Sie dienen dazu, die innere Kraft des Menschen in einer rohen, unfertigen Form zu wecken, um sie zu gewinnen oder zu verlieren.

Die Schönheit des menschlichen Geistes

Mein erstes Berufsziel auf dem College war, Psychologin zu werden. Leider war das Psychologiestudium an meiner Universität auf die Verhaltensforschung ausgerichtet, sodass das Studium von Ratten in einem Labyrinth großes Gewicht erhielt.

Eines Tages hörte ich, dass die Universität kostenlos berufliche Eignungstests anbot. Ich unterzog mich der Testreihe, um herauszufinden, wozu ich mich wirklich eignete. Das Ergebnis der Tests war, dass ich Beraterin im Bereich der beruflichen Rehabilitation werden sollte. Ich war nicht ganz sicher, was das war, aber ich wusste, dass ich dann nicht noch weitere sechs Jahre lang Ratten beobachten müsste. Also wechselte ich mein Studienhauptfach und belegte Kurse, die zum mittleren und höheren akademischen Abschluss als »Rehabilitationsberaterin« führten.

Das erste, das mir auffiel, als ich meine Kurse aufnahm, war die Anzahl körperlich behinderter Studenten in meinem Studienfach. Komischerweise war das deprimierend für mich. Ich hatte diese Studenten in ihren Rollstühlen und mit ihren Krücken schon vorher wahrgenommen. Sie waren mir mit ihrem Leid und ihren körperlichen Defiziten ein Dorn im Auge. Ihre Lebensgeschichten waren zu schrecklich, um sie anzuhören, ihre Schicksale zu dramatisch, um sie sich persönlich vorzustellen. Ich kannte bisher nur wenige Behinderte und fühlte mich in ihrer Nähe nicht wohl.

Ich war verlegen und unbeholfen, ich hatte Angst, sie könnten mich hassen, weil ich gesund war. Ich selbst hasste die Vorstellung, in ihrer Haut zu stecken. Ich empfand nur unangenehme Gefühle, wenn ich neben ihnen sitzen musste.

Als ich sie näher kennenlernte, musste ich feststellen, wie anziehend diese behinderten Studenten waren; nicht unbedingt körperlich anziehend, denn in vielen Fällen waren ihre Körper befremdend oder sogar furchterregend. Das Gesicht eines jungen Mannes war so entstellt, dass es schockierend war, ihn anzuschauen. Viele saßen im Rollstuhl. Andere hatten Krücken. Manche waren taub, manche blind. Aber allen war ein inneres Strahlen gemeinsam, ein inneres Glück. Ein Licht in ihnen ließ sie in gewisser Weise wertvoller erscheinen als jeden anderen von uns, feiner, gelassener, höflicher, eben in vieler Hinsicht anziehender.

Bald schon war ich stolz darauf, als Freundin angesehen zu werden. Ich verbrachte meine Zeit sehr gern mit ihnen. Einer der Studenten, der seit seiner frühen Jugend an den Rollstuhl gefesselt war, wurde für die restliche Studienzeit sogar mein bester Freund. Ich lernte langsam, dass die innere Schönheit dieser Menschen, die aus ihrem Herzen und ihrem Geist strahlte, eine Schönheit war, die aus der erfolgreichen Bewältigung einer wirklich schwierigen Lage kommt. Sie hatten durch Erfolgserlebnisse gewonnen.

Ein Kommilitone, der mit einer Gehirnlähmung zur Welt kam, hatte die Sehnen bis zum Knie durchtrennt, damit seine Beine sich nicht an den Körper anlegten. Danach waren seine Beine wie schwere Gewichte, die er jeden Tag in ein Gestell einspannte – mit Händen, die er kaum unter Kontrolle halten konnte. Dann schleppte er sich mit seinen Krücken von Kurs zu Kurs, kreuz und quer über das Universitätsgelände, bei jedem Wetter, und trug auch noch seine Bücher in einem Rucksack mit sich. Eine Seite in einem Lehrbuch umzublättern, war für ihn ein Akt höchster Konzentration und Anstrengung. Ein Bad zu nehmen, sich zu kämmen oder zu rasieren, erforderte stundenlange Mühe und Mut. Er hat sich nicht ein einziges Mal beklagt oder versucht, die Aufmerksamkeit auf seine großen Schwierigkeiten zu lenken. Er war ein wundervoller Mensch, ausgelassen und fröhlich, ein echter Held.

Ich glaube nicht, dass er oder die anderen von Anfang an solche Phänomene waren. Ich glaube, dass sie, wie wir alle, mit der Anlage zur geistigen Größe geboren wurden. In ihrem Leben erfuhren sie eine Herausforderung, die ihnen die Möglichkeit gab, ihre Größe und ihre innere Schönheit zu entdecken. Viele Leute mit ähnlichen Heimsuchungen hadern verbittert mit ihrem Schicksal, aber diese Menschen haben eine tiefere, weisere und ausgeglichenere Form des Menschseins entwickelt.

Ich könnte ihre Freundschaft nicht höher schätzen. Sie hat in mir das Bedürfnis geweckt, Menschen in ihrer höchsten, schönsten Form kennenzulernen. Als Antwort auf ihr

Schicksal zeigten diese Menschen, wie großartig ein menschliches Herz sein kann, wie viel Mut wir aufbringen können, wie viel Glauben, Hoffnung, Mitgefühl und Liebe wir zum Ausdruck bringen können, wie viel Reife man erlangen kann.

Gib dein Recht auf, dich zurückzuhalten. Menschenleben könnten gefährdet sein ... Menschenherzen könnten darauf warten, von dir entdeckt zu werden, geöffnet zu werden, zum Leben erweckt zu werden.

Für dich ist der Preis deines Sichversagens schrecklich, für die Welt unerträglich.

Horche in dich hinein, was zu tun für dich wichtig ist, und dann gehe das Wagnis ein! Gib die Gaben, die nur du geben kannst ...

Überheblichkeit

Zwischen meinem vorletzten und meinem letzten Studienjahr besuchte ich einen Intensivsprachkurs in Guadalajar, Mexiko. Ich wollte schnell und idiomatisch die Aussprache und die Umgangssprache des echten mexikanischen Spanisch lernen.

Ich wohnte bei einer mexikanischen Familie, die kein Englisch sprach, hatte mich einer Gruppe mexikanischer Teenager angeschlossen und belegte Kurse für spanische Sprache und mexikanische Kultur. Weil ich glaubte, einen zusätzlichen Kurs bewältigen zu können, um das meiste aus meinem Aufenthalt zu machen, belegte ich noch einen Kurs in Erziehungswissenschaften.

Mein erster und einziger Tag dieses Kurses ist denkwürdig. Der Dozent beabsichtigte, seine Veranstaltung auf der Basis der Gruppenarbeit aufzubauen (Teilnehmer arbeiten in kleinen Gruppen zusammen). Dann wollte er dieses Konzept auf den Bereich des Spracherwerbs anwenden.

Er begann mit einer Übung. Er teilte uns ein Blatt Papier aus, das uns anwies, uns eine Notlandung auf dem Mond auszumalen. Er zählte 30 Dinge auf, die unabhängig voneinander und sehr unterschiedlich in ihrem Nutzwert waren, zum Beispiel einen Luftschlauch, einen Magneten, eine Flasche Bier und eine Decke.

Wir sollten die Gegenstände nach dem Grad ihrer Wichtigkeit ordnen. Das Wichtigste für jemanden, der bei einem Raketenflug auf dem Mond notlandet, sollte ganz oben stehen, der Gegenstand mit dem geringsten Nutzen am Schluss der Liste. Wir sollten uns vorstellen, unser Leben hinge von unserer Entscheidung ab. Wir hatten 20 Minuten Zeit, die Übung alleine durchzuführen. Nach dieser Zeit teilte er uns zu sechst in Kleingruppen ein.

Nun sollten wir in der Gruppe unsere Entscheidungen vorstellen und begründen und danach einen Gruppenkonsens herbeiführen, welche Dinge am nötigsten seien, um als Gruppe auf dem Mond zu überleben.

Nach einer festgesetzten Zeit gab er uns die Lösungen, die eine Expertengruppe festgelegt hatte. Wir sollten zuerst unsere eigenen Ergebnisse damit vergleichen, dann die Gruppenentscheidungen.

Am Ende wurde jede Gruppe nach ihrem Ergebnis gefragt. Unsere Gruppe schnitt ziemlich gut ab. Der Dozent verdeutlichte, was das Ziel dieser ganzen Übung sein sollte: Keine Einzelperson im Kreis sollte besser abgeschnitten haben als ihr Gruppenergebnis. Er wollte damit erklären, dass sechs Köpfe immer besser waren als einer allein.

Ich verglich mein eigenes Ergebnis mit dem unserer Gruppe und stellte fest, dass das umgekehrt war. Mein eigenes Ergebnis war fast perfekt. Unser Gruppenergebnis lag weit unter meinem. Mein Ergebnis war sogar besser als das höchste Gruppenergebnis. Als ich das unserem Dozenten sagte, explodierte er. Er schrie mich an.

Wie könnte ich es wagen, wenn ich im Besitz besserer Kenntnisse und Fähigkeiten war, dieses Wissen für mich zu behalten, nur, um höflich zu sein? Wenn das Leben anderer davon abhing! Wie konnte ich so überheblich sein, so egoistisch und dumm! Was für ein Idiot ich sei! Und mit einem Blick, als wolle er mich anspucken, warf er mich aus dem Kurs hinaus und sagte, ich solle nicht wiederkommen. Er wolle keine Leute wie mich als Studenten.

Diese Erfahrung war peinlich und demütigend. Trotzdem war ich dankbar dafür. Das war ein Tritt, den ich brauchte und aus dem ich lernte. Ich lernte an diesem einen Tag mehr, als ich im ganzen Semester hätte lernen können.

Ich entschuldigte mich nicht mehr für meine Anwesenheit in einer Gruppe. Ich erlaubte mir, so viel wie möglich von mir zu geben und in jeder erdenklichen Form zu helfen. Die Gaben, die ich geben kann, werden von niemandem gegeben, wenn nicht von mir.

Rückzug

Ich begann mit meiner beruflichen Laufbahn als Leiterin eines Beratungszentrums für Gehörlose und Gehörgeschädigte, während ich noch studierte. Ich hatte eine wunderbare Stelle in einem einzigartigen Studienprogramm; ich war voller Begeisterung für meine Arbeit.

Zu Beginn meines Studiums hatte ich die Taubstummensprache erlernt, weil ich dachte, damit bessere Berufsaussichten zu haben. Bei meiner freiwilligen Arbeit mit tauben Menschen lernte ich ihre Sprache und ihre Lebensformen genauer kennen. Ihr Dilemma ließ mich nicht mehr los: Obwohl sich Gehörlose in die normale Intelligenzkurve einordnen lassen, nutzen die meisten ihre intellektuellen Fähigkeiten nicht.

Es ist extrem schwierig, Englisch zu lesen und zu schreiben, wenn man es nicht hören kann. Englisch zu sprechen, ist noch weit schwieriger ohne das Gehör. Die Sprachbarriere, die sich daraus ergibt, führt für die meisten Gehörlosen zu Analphabetentum und sozialer Isolation.

Da die meisten tauben Kinder Eltern hatten, die hören konnten und die nie die Taubstummensprache erlernt haben (»Experten« rieten davon ab!), schuf die Unfähigkeit, mit der vertrauten Umgebung zu kommunizieren, zusätzliche soziale Schwierigkeiten. Das Gruppenprofil der Gehörlosen weist ein großes unterentwickeltes Potential auf.

Im Studium lernte ich, wie man Gehörlosen hilft, durch die Einrichtung von Schulen, Lehrstellen und Arbeitsplätzen größere Selbstständigkeit in der Gesellschaft zu erlangen. Über die psychische Beratung von Gehörlosen erfuhr ich nichts. Die persönliche Beratung jedoch schien ihre unmittelbaren Probleme lösen zu können, vor allem in der Zusammenarbeit mit anderen Kontaktstellen.

Therapeuten ohne gute Kenntnis ihrer Zeichensprache und ohne Verständnis für ihre Lebensweise konnten wenig helfen, ja konnten sogar durch Fehldiagnosen und falsche Behandlungsmethoden noch schaden, denn bestimmte Verhaltensweisen, Gesichtsausdrücke und Ansichten, die unter Gehörlosen als normal gelten, konnten in der Welt der Nicht-Gehörgeschädigten als unnormal angesehen werden. Es gab keine Anleitungen, wie man gehörlosen Menschen dabei helfen konnte, sich von ihrem inneren Schmerz zu befreien.

Meine Klienten waren Gehörlose mit zusätzlichen physischen oder psychischen Behinderungen. Einige Fälle waren äußerst schwierig. Ein Patient war zum Beispiel ein tauber, blinder, psychotischer, homosexueller, fettleibiger, zuckerkranker selbstmordgefährdeter Schwarzer, der wiederholt überfallen worden war, nachdem ich ihm beigebracht hatte, wie man einen Blindenstock benutzt (der Stock machte Verbrecher darauf aufmerksam, dass der Mann blind und wehrlos war). Das waren Menschen mit schrecklichen Behinderungen und hoffnungslosen Lebensgeschichten.

Konventionelle Rehabilitationszentren halfen da nicht. Diese ganze Misere trieb mich dazu an, über alles hinauszugehen, was ich bisher gelernt hatte, über mich selbst hinauszuwachsen. Ich hatte den Willen, den Teil in mir zu finden, der wusste, dass es Wunder gibt. Bald geschah in unseren Sitzungen, hinter der geschlossenen Tür meines Büros, etwas sehr Interessantes.

Ich entwickelte therapeutische Methoden zur visuellen Sprache, die den Patienten half, ihre Gedankengänge zu untersuchen. Diese Techniken konnte ich anderen leicht vermitteln. Was ich meinen Mitarbeitern und Studenten vorenthielt, war etwas, das ich zu dieser Zeit selbst nicht erklären konnte:

Die seelischen Probleme meiner Patienten lösten sich schnell. Sie waren durch eine wunderbare Veränderung ihres Bewusstseins geheilt; ich vermittelte ihnen den Willen zur Veränderung.

Meine Seele erlangte die Fähigkeit, die Schranken des Körperlichen zu durchbrechen und sich mit der Seele meiner Patienten zu vereinigen. Solange unsere Seelen vereint waren, gab ich ihnen den Willen, gesund, stark und glücklich zu sein.

Als ich den durchschlagenden Erfolg sehen konnte, bekam ich Angst, so viel Einfluss auf andere Menschen zu haben. Ich fürchtete, sie in gewisser Weise zu täuschen. Aber das Glücksgefühl meiner Patienten, ihr Erfolg und ihre emotionale Freiheit sprachen für mich. Innerlich übernahm ich jetzt die Verantwortung für das, was ich tat, und entschloss mich, weiterzumachen.

Alles ging gut, bis eines Tages eine andere Beraterin einen Klienten an mich überwies. Es war ein großer, hübscher, kräftiger junger Mann spanischer Abstammung. Mit seiner Nickelbrille und seinen langen Haaren sah er wie alle anderen Studenten aus.

Seine emotionale Entwicklung jedoch war durch Misshandlungen gehemmt worden, die er durch die Betreuerin in der Gehörlosenschule erfahren hatte: Immer, wenn er »frech« war, sperrte sie ihn in ihren Schrank ein – manchmal für Stunden. Das führte dazu, dass er kaum sprach und gehemmt und sehr schüchtern im Umgang mit Frauen war. Er hatte nie eine Freundin gehabt. Glücklicherweise ermöglichten ihm seine Fähigkeiten im Schriftlichen und seine Intelligenz, in der normalen Welt gut zurechtzukommen und seine Kurse an der Universität gut zu absolvieren.

Seine Beraterin hatte diesen jungen Mann an mich überwiesen, weil sie nicht den Mut hatte, ihm etwas zu sagen, wozu auch sein Arzt nicht den Mut gehabt hatte: Er erblindete langsam an einer Krankheit, die „Retinitis pigmentose" hieß. In ein bis zwei Jahren wird er taub und blind sein. Er wird nicht einmal mehr in der Lage sein, auf dem Gebiet zu arbeiten, das er studiert hat. Viele Jahre der Mühe waren umsonst, er wird nicht fähig sein, das in seinem Leben zu tun, was er möchte.

Man stelle sich vor, was es bedeutet, taub und blind durchs Leben zu gehen, in solchem Maße abhängig von anderen zu sein! Taube haben chronische Angst davor, blind zu werden. Das ist ihr schlimmster Albtraum. Ich dachte, der einzige, der eine solche Schreckensnachricht übermitteln konnte, war jemand, der dem Betroffenen sehr nahestand.

Ich fühlte, dass ich ihm helfen könnte, wenn ich ihm nahe genug wäre, wenn ich genug Vertrautheit und Harmonie hergestellt hätte, bevor ich ihm seine Diagnose mitteilte. Ich weiß nicht mehr, was genau ich ihm in jener Beratungssitzung gesagt habe, aber es geschah ein Wunder. Als er aus meinem Zimmer ging, war er so erfüllt davon, die neue Herausforderung des Erblindens anzunehmen, dass ein Lachen auf seinem Gesicht lag.

Ich war sprachlos, dass ein Mensch sich so glücklich fühlen konnte, kurz nachdem er eine solche Nachricht erhalten hatte. Ich fürchtete, dieses Glücksgefühl könnte nicht anhalten; ich hatte Angst, dass er in tiefe Depressionen fallen könnte, sobald er alleine war.

Ich hätte mir keine Sorgen zu machen brauchen. In seiner nächsten Sitzung zwei Wochen später war er immer noch auf eine fröhliche (sogar ausgelassene) Weise optimistisch. Was noch erstaunlicher für mich war, war die Tatsache, dass er eine reizende taube Mitstudentin mitbrachte, um sie mir vorzustellen. Dieser Junge, der niemals zuvor ein Mädchen geküsst hatte, hatte sich verliebt. Die beiden wohnten zusammen und planten ein gemeinsames Leben. Er hatte ein neues Hauptfach an der Hochschule gewählt und sah der neuen Wendung in seinem Leben mit Spannung entgegen. Er war völlig eingenommen von seiner Zukunft.

Das war zu viel für mich. Ein solches Wunder erschreckte mich bis ins Mark. War es richtig, so viel Einfluss auf das Leben anderer zu haben? Diese Macht war beängstigend.

Innerhalb von zwei Wochen gab ich meine Beratertätigkeit auf. Ich hatte eine Verwaltungsarbeit in Hawaii in Aussicht, Tausende von Kilometern entfernt. Es dauerte noch lange, bis ich den Mut hatte, die Macht des Herzens zu akzeptieren, und bis ich erkannte, wie wichtig es ist, diese Macht weiterzuentwickeln.

Furcht ist ein mächtiges Instrument, dich selbst zu verleugnen, dich daran zu hindern, die Menschheit zu heilen.

Sei bereit, Wunder anzunehmen, damit andere sich ganz finden können und du dich selbst finden kannst.

Du glaubst vielleicht, im Vergleich zu anderen habest du wenig Grund zu klagen, aber ein Teil deines Herzens ist dir verloren gegangen. Du hungerst nach deinem natürlichen Zustand in Liebe und Glück.

Ein großer Reichtum liegt in deinem Herzen und deinem Geist begraben, begraben in Erinnerungen an Schmerz und Leid. Es ist dein Schatz, der nur darauf wartet, wieder entdeckt und geöffnet zu werden. Die Erfahrungen deines Lebens, die du vor langer Zeit verdrängt hast, halten dich gefangen und verlangen nur eines: Beachtung.

Sobald du akzeptierst, was du fühlst, lassen dich die alten Emotionen frei, und dadurch wirst du den Schatz finden, der aus einem bewusst gelebten Leben kommt – Weisheit und Reife.

Die Konfrontation mit dem Leben ist ein Prozess, der dich vom Schmerz der Vergangenheit, der dich einschränkte, befreit, denn der Schmerz der Gegenwart ist nur der erneut durchlebte Schmerz der Vergangenheit. Fühle alles, was das Leben in dir wachrüttelt, so dass du frei wirst, du selbst zu sein …

Selbsterforschung

Als ich mit 25 Jahren nach Honolulu zog, war ich ein dicker Fisch in einem kleinen Teich. Es war eine gute Gelegenheit, Erfahrungen zu sammeln, die ich normalerweise in diesem Alter nicht hätte sammeln können. Ich schrieb Bewilligungen, gründete neue Agenturen und begann Trainingsprogramme, arbeitete mit dem Bürgermeister, dem Gouverneur und dem Gesetzgeber zusammen, und bald hatte ich eine herausragende Position in der Regierung. Kurz, ich hatte alles, was sich eine karrierebewusste, nach Ansehen strebende junge Frau nur wünschen konnte.

Als Verwaltungsbeamtin beriet ich Gehörlose nicht mehr, sondern diente als Schaltstelle zwischen ihnen und der Gesellschaft. Ich war zufrieden mit allem, was ich erreicht hatte, und freute mich über meine gute Beziehung zu den Gehörlosen und meine Stellung in ihrer Gemeinschaft.

Von Zeit zu Zeit holte ich anerkannte Gehörlosen-Experten aus den USA, die uns halfen, bestimmte Ziele zu verwirklichen. Einer dieser Fachleute, ein intelligenter und kämpferischer Gehörloser aus Washington, D. C., beurteilte unsere Möglichkeiten. Ich glaube, er sei zufrieden und beeindruckt von allem, was er vorfand. Am Schluss seines Besuches sagte er zu mir: »Die Gehörlosen auf Hawaii sehen Sie als ihren Gott und Retter an. Achten Sie darauf, sich nie selbst so zu sehen!«

Ich war verletzt, dass er mir so etwas sagte, wo ich doch offensichtlich ein so »guter Kumpel« war. Ich brauchte wenigstens 24 Stunden, bis ich den Mut hatte, zu untersuchen, was er wirklich gemeint hatte.

Was ich sah, als ich ernsthaft in mich hineinschaute, drehte mir den Magen um. Ich sah mein Bedürfnis nach Anerkennung, meine Sehnsucht, gebraucht zu werden, das Streben zu retten und ein Held zu sein, das Bedürfnis, wichtig zu sein. Ich hatte das Gefühl, die tauben Menschen nur ausgenutzt zu haben, um meiner eigenen Illusion von mir als Helferfigur zu entsprechen. Ich tat »Gutes«, aber nur, zumindest teilweise, um besser dazustehen.

Wieder einmal sah ich der nackten, kalten Wahrheit ins Gesicht: Ich kannte mich nicht selbst. Ich wusste nicht, warum ich tat, was ich tat. In wie vielen Fällen tat ich das Richtige aus falschen Gründen?

Der alte Wunsch wuchs wieder in mir, zuerst langsam, dann stärker und drängender mit den Jahren: der Wunsch, mich selbst zu kennen.

Zugegeben, ich bin oft niedergeschlagen und schockiert, meine unterdrückten und versteckten Charakterfehler und Schwächen zu entdecken. Das Bewusstsein, dass andere diese Züge in mir sehen können, auch wenn ich sie selbst nicht sehe, bringt mich dazu, mich selbst zu »sprengen«. Schließlich will ich selbst über meinen Charakter oder meine Persönlichkeit das wissen, was für jeden anderen ersichtlich ist. Das ist weniger peinlich, als es nicht zu wissen, und die Leute sehen uns sowieso nicht so, wie wir gesehen werden wollen.

Jeder von uns hat sich zu einer bestimmten Persönlichkeit entwickelt – zum Helden oder zur Heldin, zum Clown, zur tragischen Figur, zum Schurken, Gewinner, Verlierer oder zu einer anderen Rolle, weil wir meinten, es sei leichter, sicherer oder angenehmer, eine Rolle zu spielen, als wir selbst zu sein. Die Rollen sind jedoch hohl und leer, verglichen mit dem Reichtum unseres wahren Selbst.

Das Komische an diesen gewählten Rollen ist, dass wir selbst die einzigen sind, die wirklich darauf hereinfallen. Wir durchschauen das Spiel anderer, aber nicht uns selbst. Selbstentdeckung kann ganz schön schockierend sein.

Jedes Mal, wenn ich mich einem unangenehmen Teil meiner selbst stelle, geschieht etwas Faszinierendes. Sobald ich etwas Unangenehmes in mir entdecke und es so annehme, dass ich sage: »Ja, so bin ich«, und das Gefühl, das damit verknüpft ist, auslebe, verschwindet diese verletzende Eigenart. Sie verschwindet nicht wirklich, sondern wird in meinen Selbsterkenntnisprozess integriert und wird damit eher zu einem Vorteil als zu einem Nachteil.

Der »Schweinehund« in mir wird zur positiven Möglichkeit, sobald er angenommen und integriert ist. Der »Richter« wird scharfsichtig, der »Egoist« kümmert sich liebevoll um sich usw.

Obwohl viele Selbstenthüllungen schockierend und schwer zu verkraften waren, haben diese Erfahrungen, auf Dauer gesehen, meine Persönlichkeitsbildung gefördert. Falsche Selbstbildnisse sind schmerzhaft und schädlich und haben keine Grundlage. Nur die richtige Selbsteinschätzung führt zur Selbstachtung.

Bisher habe ich nur über den Schock der negativen Selbsterfahrung gesprochen. Das Erstaunliche ist, dass wir uns ebenso, wenn nicht stärker, dagegen wehren, positive Merkmale an uns zu entdecken. Beides zeigt, dass wir uns über uns täuschen wollen. Das Buch *Ein Kurs in Wundern* stellt fest, wir seien lieber im Recht als glücklich. Ich denke, unser ganzer Entwicklungsprozess läuft darauf hinaus, gewillt zu sein, unser falsches Selbstbildnis zu erkennen.

Einsamkeit ist der Wunsch deines Herzens, Einssein und Vertrautheit zu empfinden. Nimm deinen Lebensweg an, mit all seinen Schwierigkeiten, als Möglichkeit, die Wahrheit zu finden.

Die Eheschließung

Das Leben in Honolulu war nicht so idyllisch, wie man glauben könnte. Ich fühlte mich einsam. Die Inselkultur war Außenseitern gegenüber verschlossen, und ich stellte fest, dass die meisten meiner Freunde Neuankömmlinge wie ich selbst waren.

Es war für Fremde vom Festland wie mich so schwierig, dort zu leben, dass viele nicht lange blieben. Es schien, als gingen immer alle fort, mit denen ich gerade Freundschaft geschlossen hatte. Ich hatte nie zuvor Rassendiskriminierung erfahren; nun litt ich unter der Isolation. Nach ein paar Monaten lernte ich einen netten jungen Mann, einen Neuankömmling, kennen und verabredete mich mit ihm. Er arbeitete auch auf dem Gebiet der Rehabilitation, und wir waren froh, bei allen beruflichen Zusammenkünften, die wir besuchen mussten, als Freunde gemeinsam teilnehmen zu können.

Wir waren nicht ineinander verliebt – ein Zustand, in dem jeder alles über den anderen wissen will. Wir hatten wenig gemeinsamen Gesprächsstoff. Ich weiß nicht, ob wir uns irgendwo auf dem Festland jemals angefreundet hätten, aber hier brauchten wir uns gegenseitig. Niemand anderes war da, mit dem wir uns hätten treffen können, und so lebten wir immer stärker als Partner miteinander.

Eines Abends entdeckten wir uns dabei, unser Leben gemeinsam zu planen. Überrascht fragten wir uns, ob das bedeute, wir sollten heiraten. Es würde unsere Familien sicherlich glücklich machen. Und wäre das Leben nicht interessanter, erwachsener, lebenswerter?

Ich glaube, insgeheim hatten wir es beide aufgegeben, uns zu verlieben. Wir hatten beide als Teenager an gebrochenen Herzen gelitten, und wir rechneten beide nicht damit, uns noch einmal richtig verliebt zu fühlen. Sollten wir nicht eine Ehe mit einem netten Partner eingehen, einem guten und liebenswürdigen Menschen, jemandem, mit dem wir unsere Einkünfte und Ausgaben teilen und eine gemeinsame Zukunft planen können?

Und so beschlossen wir zu heiraten, ohne Heiratsantrag, ohne große Freude daran. Eine Hochzeit würde sicherlich lustig werden.

In unserem Ehevorbereitungskurs riet uns der Pfarrer von der Trauung ab. Er spürte, dass wir nicht wirklich getraut werden wollten oder wenigstens, dass unser Wille für eine Trennung nicht stark genug war. Wir wussten nicht, wovon er sprach.

Zwei Wochen vor dem großen Tag wurde uns bewusst, dass ein Druck auf uns lastete: Wir hatten Angst, wir würden nicht heiraten! Was ging uns durch den Kopf? Die Einladungen waren doch schon abgeschickt! Alles war arrangiert! Was würden unsere Familien empfinden, wenn wir die Hochzeit zurückzögen? Wie könnten wir alle so vor den Kopf stoßen! Wie könnten wir uns selbst dieser Peinlichkeit aussetzen! Also lieber weiterplanen. Oh, mein Gott! Wir saßen in der Falle!

Die Hochzeit selbst war sehr schön. Ich wusste zu der Zeit nicht, warum ich Bachs Kleine Fuge in g-moll (eine Begräbnismusik) ausgewählt hatte, als mein Vater mich zum Altar geleitete. Mein frischgebackener Ehemann lag in der Hochzeitsnacht mit einer starken Hals- und Ohreninfektion danieder. Ich spürte, dass es eine unterschwellige Reaktion auf Worte war, die er nicht hören und nicht sprechen wollte.

Ein Arzt musste ihn im Hotel behandeln, bevor wir zu unserer Hochzeitsreise aufbrechen konnten. Es war eine einsame Reise nach Oaxaca, Mexiko. Es schien am Ende der Welt zu sein.

Die Zeit verging, und wir gewöhnten uns an unser Eheleben. Wir waren gute Zimmergenossen. Wir stritten nie. Wir teilten unsere Wohnung, aber wir gingen nie eine echte Gefühlsbindung ein.

Auf der Suche nach Abwechslung plante ich eine weitere Reise. Wir fuhren nach Neuseeland und blieben auf dem Weg dorthin ein paar Tage auf den Fidschiinseln. Es sollte exotisch und aufregend werden!

Als wir auf den Fidschis landeten, wurden wir von einem Wolkenbruch begrüßt. Die Regenzeit hatte früher eingesetzt. Das bedeutete fünf Tage Dauerregen, gefangen in einem Hotel, in dem es nichts zu tun gab. Und da wir gemeinsam dort waren, gab es auch keinen Gesprächspartner.

Die Hotelgäste versammelten sich in der strohgedeckten Hotelbar und starrten in den Regen. Ich mochte keinen Alkohol, aber mein Mann trank aus Langeweile. Am dritten Tag geschah etwas Seltsames.

Mein Mann, der ziemlich betrunken war, schaute mir ins Gesicht. Eine Veränderung ging mit ihm vor. Er lallte nicht mehr, sondern sprach klar und deutlich. Selbst seine Stimme klang anders, so, als spreche jemand anderes oder ein anderer Teil von ihm.

»Wir hätten niemals heiraten sollen«, sagte er. »Es war ein Fehler. Es gibt einen anderen Mann, mit dem du zusammen sein solltest, einen guten Mann. Du und er sollen zusammen arbeiten.« Dann war er ruhig und schaute wieder in den Regen hinaus.

Am nächsten Tag, nachdem er nüchtern war, sprach ich ihn auf diese Unterhaltung an. Er erinnerte sich nicht daran, was er gesagt hatte.

Das Leben, das du auf der Erde lebst, ist in Wirklichkeit nur ein Abbild für das Leben, das du in deinen Gedanken und in deiner Vorstellung lebst. Es gibt eine Möglichkeit, dein Leben aus einer anderen Perspektive zu betrachten, einer Perspektive, die deinen Geist für neue Inhalte öffnet und dein ganzes Leben verändert, indem alles bedeutungsvoller wird. Möchtest du ein Abenteuer durchleben?

Eine neue Weltsicht

Die bedeutendste Veränderung, die ich jemals erfahren habe, war die Antwort auf mein Nachdenken über den Sinn des Lebens. Ich erinnere mich genau, wann die eigentliche Verwandlung zum neuen Menschen stattfand. Ich hatte alles, was mir in die Hände fiel, über Metaphysik, Tiefenpsychologie, ganzheitliche Heilung, psychische Phänomene, Weltreligionen und spirituelle Lehrer gelesen.

Ich hatte alle Puzzleteile für ein völlig neues Weltbild zusammen, eines, das sich radikal von meiner alten Lebenssicht unterschied, wenn mein Geist bereit war, dieses Bild anzunehmen. Aber diese Entscheidung lag leider außerhalb meines Einflussbereiches – einerseits ärgerlich nah, andererseits frustrierend weit.

Ich lief eine belebte Straße in Honolulu entlang und verarbeitete in Gedanken zwei Bücher, die ich gerade gelesen hatte (»Illusionen« von Richard Bach und das »Handbuch des erweiterten Bewusstseins« von Ken Keyes). Während ich beim Laufen darüber nachdachte, vollzog sich in meinem Kopf eine entscheidende Wandlung. Eine Schwelle des Verständnisses, eine »kritische Masse« war erreicht, und mein Geist stand still, unfähig, etwas weiter zu verarbeiten: Ich war geistig an einem Zaun angelangt; auf der einen Seite war meine vertraute Welt im Bann der Trägheit und der eingefleischten Ansichten, auf der anderen Seite lag eine ganz neue Welt mit einer grundverschiedenen Sichtweise der Dinge, einer neuen Lebensform, einem aufregenden neuen Ziel!

Diese beiden Sichtweisen waren wie Tag und Nacht. Sie schlossen sich gegenseitig aus, sodass ich mich für eine entscheiden musste. Irgendetwas in mir traf eine Entscheidung, ein neues Verständnis erwachte, und für einige Augenblicke erfuhr ich das Ausmaß der menschlichen Denkfähigkeit.

Da ich ganzheitlich und zusammenhängend zu denken gewohnt war, setzte sich die neue Denkweise mit all meinen bisherigen Ansichten auseinander, und unzählige Debatten folgten. Schneller als jeder Computer arbeiten könnte, kam mein Geist zu einem Ergebnis: Es war eine überwältigend klare Entscheidung für die neue Lebenssicht! Ich hatte das Gefühl, als fielen unzählige Bruchstücke eines zersplitterten Geistes auseinander und ordneten sich wieder neu, so wie die Teile eines Kaleidoskops, wenn man daran dreht.

Ich schaute mit neuen Augen auf ein fremdes, aber herrliches Königreich, das von meiner alten Welt so verschieden war wie Oz von Kansas. Das Leben zeigte mir sein außergewöhnliches Gesicht, während ich vorher nur Durchschnittliches wahrgenommen hatte.

Wo ich früher automatisch nur eine Welt der Objekte »da draußen« und »andere« Leute gesehen hatte, sah ich jetzt mich selbst, nur mich, in Menschen, Orten, Dingen, Geschehnissen.

Alle meine verborgenen Seiten – heimliche Schuld, gnadenlose Verurteilung, der Schmerz, die Bedürfnisse – fanden alle die Freiheit, sich in meinen Beziehungen und Erfahrungen auszudrücken. Ich sah die Konflikte anderer oder Angriffe auf mich nicht mehr als »ihr Problem« oder »ihre Angelegenheit« an. Wenn ich es in meiner Welt sehen konnte, war es ein Hinweis auf eine verborgene Seite in mir. Ich begriff, dass alles in meinem Leben wichtig war (die Bedeutung wies ich den Ereignissen selbst zu).

Nichts geschah aus Zufall. Meine Welt war nur der Widerschein meines Bewusstseins – die Welt zu betrachten, war ein Blick in den Spiegel. Als ich wusste, dass mein Geist meine nächtlichen Träume mit Symbolen durchdrang, die aus mir selbst zu verstehen waren, merkte ich, dass er die gleichen Ausdrucksmöglichkeiten auch in wachem Zustand fand. Alles war Teil meiner selbst. Ich konnte mich erfahren, indem ich die Ereignisse um mich herum studierte. Zum ersten Male seit meiner Kindheit durchschaute ich die Illusion des Lebens. Ich erkannte die ganze Welt als meine Vorstellung, die nur für mich existierte und veränderbar war. Es war meine Schöpfung. Wenn ich meine Persönlichkeit, meine Gedanken, mein Inneres veränderte, veränderte sich gleichzeitig die Welt um mich herum. Es bestand eine direkte Wechselwirkung.

Ehrfürchtig betrachtete ich die Herrlichkeit der Welt als Gegenstand des Lernens. Indem ich für alles, was in meiner Welt geschah, letztlich verantwortlich war, trug ich auch die Verantwortung, meine Welt zu verändern, neu zu schaffen und zu heilen, indem ich mich selbst heilte.

Experten

Soweit ich beobachtet habe, erfahren diejenigen, die eine Veränderung zu einer neuen Weltsicht durchmachen, eine Woge von Energie und Enthusiasmus, die mit dem »Hoch« des Sich-Verliebens vergleichbar ist. Es ist eine aufregende Zeit. Meine Veränderung bewirkte gleichzeitig, dass ich mich auf eine andere Ebene körperlicher und geistiger Erfahrung begab. Ich hatte Visionen, konnte meinen Körper verlassen, hatte Erinnerungen an ein früheres Leben (wie auch immer man das erklären mag) und spontane Kundalini-Erleuchtungen (eine wirkliche Überraschung für Unerfahrene!). Ich musste meine große Angst vor dem Unbekannten bewältigen, aber ich erfuhr nur Schönes, Liebe und, ich weiß es nicht besser zu benennen, »kosmischen Geist«.

Als ich diese Erfahrungen zum ersten Mal hatte, wusste ich nichts Rechtes damit anzufangen. Ich wollte sicherstellen, dass es Anzeichen von Gesundheit und nicht von Wahnvorstellungen oder Krankheit waren. (Ich nahm übrigens weder Alkohol noch Drogen zu mir, nicht einmal Koffein). Ich beschloss, mir Bestätigung bei einem Experten zu holen.

Ich merkte, dass ein Gespräch über Visionen und psychische Erfahrungen vielleicht dazu führen könnte, Vorurteile und Ängste anderer zu schüren. Daher beschloss ich, zunächst ein weniger bedrohliches Symptom zu schildern, nämlich, dass ich bunte Lichter sah, die sich wie Flüssigkeit vor meinem Wahrnehmungsfeld bewegten, wenn ich mich entspannte und die Augen schloss.

Die vorherrschende Farbe war blau, die Farbe der nächtlichen Positionslichter am Rollfeld des Flugplatzes (später wurde es ein helles Violett, und ich sah auch sich ständig bewegendes weißes Licht eingesprenkelt, das durch winzige Kristallformationen tanzte).

Ab und zu, wenn ich engen Kontakt zu jemandem hatte, sah ich das Licht in kleinen Wölkchen von mir zur anderen Person, mit der ich verbunden war, wandern, selbst mit offenen Augen. Wenn ich meditierte, konnte ich auf solch einer Wolke aus meinem Körper in einen körperlosen Zustand übergehen.

Ich schilderte dieses Symptom zunächst meinem Hausarzt, einem Internisten. Er fragte mich, ob ich meditiere. Er erzählte, dass er früher in seinem Karatekurs auch meditiert habe und gelegentlich ein solches Licht gesehen habe. Er lächelte, klopfte mir auf die Schulter und sagte, es sei etwas Gutes.

Ich ging zu einem Chiropraktiker, der mir mitteilte, dass ich einen verstärkten Energiefluss die Wirbelsäule aufwärts hätte. Das Licht sei eine gute Sache.

Mein Augenarzt, der bald sein Pensionsalter erreicht hatte, lächelte mich weise an, tätschelte meine Schulter und sagte: »Das ist ein Zeichen eines höheren Bewusstseins. Das ist etwas sehr Gutes.«

Um ein Gutachten über meine geistige Gesundheit zu erhalten, ging ich zu einem Psychologen. Er hatte bisher keine Erfahrung mit dem Phänomen, das ich ihm schilderte. In der ersten Sitzung erzählte ich ihm, soviel ich konnte, über meine verschiedenen Erfahrungen mit der »anderen« Dimension. Ich musste ihn sechsmal konsultieren, bevor er mir sein sachkundiges Urteil aushändigte. In der sechsten Sitzung sagte er mir, er denke, ich sei vollkommen gesund. Wenn jemand anderes ihm diese Informationen gegeben hätte, hätte er es vielleicht nicht geglaubt. Da ich es war, glaubte er, dass das, was geschehen war, von Bedeutung sei, und er sagte, er halte es für wichtig, dass seine Kollegen etwas darüber erfahren.

Er bat mich um Bücher über körperlose Zustände, die er mit den anderen Ärzten in seiner Praxis lesen wollte. Ich frage mich, was sie damit angefangen haben.

In deiner Seele liegen wahre Weisheit, wirkliche geistige Kraft und Gegenwart verborgen. Suche den Kontakt zu ihr, denn sie sucht dich auch.

Ein Traum

Das vielleicht erstaunlichste Erlebnis, das ich jemals hatte, hatte ich an dem Abend, an dem ich aus dem Leben »erwachte«. Ich wachte tatsächlich aus diesem Leben auf, als sei es nichts als ein Traum … so wie die Träume, die ich normalerweise nachts habe, wenn ich schlafe.

Wenn ich nachts träume, erscheint mir alles wirklich zu sein. Ich nehme es für bare Münze, ich glaube daran. Ich glaube, dass der Traum Wirklichkeit ist und dass ich diese Erlebnisse tatsächlich habe. Obwohl die Dinge, die im Traum passieren, nicht so logisch sind wie das, was geschieht, wenn ich »wach« bin, glaube ich trotzdem, dass der Traum Wirklichkeit ist, solange ich träume.

Wenn ich aufwache, an der Grenze zwischen Schlaf und Erwachen, bin ich etwas verwirrt. Ich frage mich, was nun wirklich ist. Dann erkenne ich, dass ich wach bin, weiß, was Wirklichkeit ist und dass ich nur geträumt habe.

Der Nachttraum löst sich auf. Er versinkt in die Tiefen meines Unterbewusstseins und verliert sich dort. Wenn es ein besonders interessanter Traum war, kann ich mich vielleicht an ein paar Dinge erinnern. Weil ich meine Träume nicht für so wichtig halte, lösen sie sich wie Nebelschwaden auf, und nichts davon bleibt übrig. Ich kehre völlig ins »wirkliche« Leben zurück und glaube, dass das wirklich und wichtig ist und ich ihm Aufmerksamkeit schenken muss.

Eines Abends, als ich zu Bett gegangen war und schlief, spürte ich ein Beben in mir, als ich träumte. Ich wachte auf, aber ich befand mich nicht in meiner normalen Wirklichkeit, nicht in meinem normalen Leben, sondern in einer ganz anderen Realität. Diese Welt war schöner, glücklicher, heller. Es war, als wäre ich auf der Wiese des Paradieses oder einer himmlischen Welt aufgewacht. Es war so verschieden von dem Leben, das ich normalerweise als real ansehe, wie meine Nachtträume sich von meinen Erfahrungen in wachem Zustand unterscheiden.

Während dieses Erwachens aus meiner normalen Welt durchlief ich die gleiche Phase des langsamen Wachwerdens zwischen Traum und Wirklichkeit. Ich blickte zurück und erinnerte mich, dass ich Lency war. Ich konnte mich an meine Familie, meine Freunde und meine Lebensumstände erinnern. Als ich wacher wurde und sich der Nebel um meinen Geist lichtete, erinnerte ich mich, dass ich *das* gar nicht war. Das war nur ein Traum. Und weil es nur ein Traum war, hatte es wenig Bedeutung für mich.

Also löste ich mich davon und ließ es in mein Unterbewusstsein zurücksinken wie einen Traum, denn es war schließlich ein Traum und nicht Wirklichkeit. Die Welt, in der ich erwacht war, war so viel heiler, so sehr viel schöner, *so viel lebendiger und wirklicher.* »Wie konnte ich nur glauben, dieser Traum sei Wirklichkeit?«, fragte ich mich verwundert.

Leider konnte ich nicht lange in diesem Paradies bleiben. Nach kurzer Zeit wurde ich zu meiner Enttäuschung in mein normales Leben zurückgeholt. Dieses kurze Erlebnis ließ mich etwas ungemein Wertvolles erfahren. Wenn die großen Weltreligionen davon sprechen, dass das Leben nur ein Traum sei, sprechen sie nicht nur in Bildern oder verwenden eine erzieherische Umschreibung. Es ist tatsächlich die Wahrheit. Das Leben ist nur ein Traum.

Dein Geist bemüht sich, dich in einen wachen Zustand zu versetzen, du begibst dich auf die Reise in die Erkenntnis und die Wahrnehmung deiner wahren Natur.

Das ganze Leben auf dieser Erde ist eine Schule der Erfahrung, die nur in eine Richtung weist ... nach Hause, himmelwärts.

Im Prozess der Verwandlung, der Transformation, wird deine Entfremdung von der Liebe geheilt. Du kannst mit noch so viel Glück in deinem Leben gesegnet sein, wenn die Verbindung zur unerschöpflichen Quelle der Liebe fehlt, wirst du dich leer, einsam und vergänglich fühlen.

Das Unterstützungszentrum

Zwei Ziele sah ich vor meinem geistigen Auge. Das erste bezog sich auf meinen Hunger nach Informationen und Erfahrungen, die meine neuen Erkenntnisse erweitern sollten. Fast meine gesamte Freizeit verbrachte ich damit, darüber zu lesen und Vorlesungen und Seminare zu besuchen. Ich beschloss, eine Tätigkeit zu suchen, bei der ich dafür bezahlt würde, zu lernen, was ich lernen wollte. Das war mein erstes Ziel. Das zweite Ziel betraf eine persönliche Schande, mein bestgehütetes Geheimnis. Mein Geheimnis war, dass ich, zu meinem großen Entsetzen, unfähig war zu lieben. Mein Herz war so unbeweglich und tot wie ein Stein.

Ich glaube nicht, dass viele von diesem Problem gewusst haben, da mein aufgesetztes Wesen sehr fürsorglich und um andere bemüht war. Aber in meinem Inneren war es erschreckend deutlich, dass ich meine menschliche Fähigkeit verloren hatte, Liebe zu empfinden. Ich wollte mein Herz heilen, wollte das Leben, die Fähigkeit zu fühlen, wiedergewinnen. Das war mein zweites Ziel.

Bei meiner nächsten täglichen Meditation erschien mir das Gesicht des Pfarrers unserer hiesigen Unionistengemeinde, und ich fühlte mich veranlasst, ihm zu schreiben und meinen Wunsch nach einer neuen Aufgabe im Hinblick auf übersinnliche Erfahrungen und den Umgang mit Kindern mitzuteilen. Als Antwort erhielt ich einen Brief von ihm, der auf das glückliche Zusammentreffen meines Schreibens mit seinem Vorhaben hinwies.

Er arbeitete mit einigen Ärzten und Gemeindevorstandsmitgliedern daran, eine Initiative zur Unterstützung unheilbarer Kinder und deren Familien zu gründen, die auf der metaphysischen Lehre des Buches *Ein Kurs in Wundern* basierte. Man hatte gerade beschlossen, dass das Programm von einem dafür bezahlten Leiter entwickelt und durchgeführt werden sollte. Er bat mich, mich für diese Stelle zu bewerben, sobald die Anzeige in der Zeitung erscheine. Ich teilte meinem damaligen Vorgesetzten mit, dass ich mich für dieses neue Hilfsprogramm interessierte, und sagte ihm auch, warum. Ich wollte ihn so früh wie möglich wissen lassen, dass ich meine Stelle wechselte. Ich begann, meine Arbeiten abzuschließen und in den Pausen Bücher und Aktenordner einzupacken. Als die Stellenannonce erschien, bewarben sich achtzig Leute. Ich zweifelte nicht ein einziges Mal daran, dass die Stelle für mich geschaffen war, dass es »meine« Aufgabe war.

Als ich als leitende Direktorin des neuen Unterstützungszentrums für junge Menschen eingestellt wurde, waren die meisten meiner Freunde schockiert und besorgt, weil ich mit sterbenden Kindern zusammenarbeiten würde. Viele gaben mir Ratschläge, wie ich mich abschirmen könnte, um nicht zu viel Schmerz und Kummer zu empfinden. Ich lächelte und nickte bei ihrem Rat, aber ich eröffnete ihnen nicht, dass ich mein Herz aufgebrochen haben wollte.

Ich wollte wieder fühlen können, und ich dachte, wenn ich schutzlos Kindern ausgeliefert sei, deren größter Wunsch es war zu leben, dann treffe das den Teil in mir, der tot war oder dem nichts am Leben lag. Ich wusste, dass die Kinder den Weg in mein Herz finden und es öffnen würden. Ich wollte alles fühlen. Ich wollte mich fühlen, obwohl es beängstigend war.

Hast du manchmal Angst, dass dein Leben nie wirklich lebenswert ist? Vertraue auf den Lauf des Lebens, selbst wenn es unangenehm oder schwierig ist. Du wirst durch Lebensumstände geschleust, die mit deiner Bestimmung unmittelbar zusammenhängen, wenn du jede Möglichkeit zu wachsen ausschöpfst.

Chuck

Das Unterstützungszentrum sollte durch Konzepte aus *Ein Kurs in Wundern* (einem spirituellen und psychologischen System zum Selbststudium) bekannt werden. Da ich dieses Buch noch nicht studiert hatte, das – so viel ich wusste – sehr hohe Anforderungen an seine Leser stellte, nahm ich mir vor, mich intensiv damit auseinanderzusetzen.

Zusätzlich zu meinem Selbststudium schloss ich mich einer neu gegründeten Gruppe zum Studium des Buches an. Wir waren ein sehr ausgefallener Kreis. Außer mir, mit meinen 28 Jahren der »führende Geist« der Gruppe, nahmen ein homosexueller Friseur teil, eine katholische Nonne, ein Englischlehrer mittleren Alters, der als Frauenheld bekannt war und seine Schülerinnen verführte, sowie eine japanische Augenärztin, die zu unseren Sitzungen einen dreiteiligen Anzug trug (einen der wenigen Anzüge, die man auf unserer Insel sah). Wir fanden es überaus lustig, dass wir alle etwas gemeinsam hatten, und nach unseren Treffen gingen wir manchmal zusammen aus, nur um zusammen gesehen zu werden. Wir empfanden großen Respekt und große Sympathie füreinander. Wir hatten das Gefühl, die perfekten Studienkollegen zu sein. Weil wir so verschieden waren und jeder von uns die Erkenntnisse der Kursstunden auf sein eigenes Leben übertrug, kamen wir zu unterschiedlichsten Ergebnissen und hatten jede Woche viele Anekdoten auszutauschen.

Gelegentlich gesellten sich andere Leute dazu. Eine Chinesin namens Lynette schloss sich an, verfiel aber sofort in einen Machtkampf mit den Männern in unserer Gruppe und stieg nach ein paar Wochen wieder aus; aber weil sie mich mochte, schrieb sie sich meine Telefonnummer auf. Wir hatten beide Probleme in unserer Ehe, und sie meinte, wir sollten uns irgendwann einmal treffen, um darüber zu reden.

Lynette rief vier Monate lang nicht an. Eines Abends um 23 Uhr (das ist spät für Hawaii!) klingelte das Telefon. Da ich aus dem Schlaf gerissen wurde, dauerte es eine Weile, bis ich wusste, wer »Lynette« war. Es tat ihr leid, mich so rücksichtslos geweckt zu haben.

»Das Schlimmste ist«, sagte sie, »dass ich gar nicht weiß, warum ich dich angerufen habe! Ich fliege um Mitternacht auf das Festland und anstatt meinen Koffer zu schnappen und loszusausen, lief ich zum Telefon, suchte deine Nummer heraus und rief dich an!«

Ein Signal in meinem Kopf sagte mir, dass das, was sie mir mitteilte, von großer Wichtigkeit war. »Moment, Lynette«, sagte ich und versuchte, meine Gedanken zu ordnen, »warum gehst du aufs Festland?«

»Es gibt einen Psychologen dort, der so gut ist, dass ich all mein Geld spare und zu einer Sitzung dorthin fliege, sobald ich mir das Flugticket leisten kann. Dann komme ich zurück, versuche, im Alltag anzuwenden, was ich gelernt habe, während ich das Geld für den nächsten Flug spare.«

Dieser Psychologe muss toll sein, dachte ich. »Sag mal, ist dieser Psychologe zufällig in San Diego?« – »Ja«, sagte sie verwundert, »aber woher weißt du das? Ich habe dir nicht erzählt, wo er wohnt!« Ich antwortete: »Ich bin in zwei Wochen in San Diego, und ich habe das untrügliche Gefühl, ihn zu treffen. Kannst du mir seinen Namen und seine Telefonnummer geben?«

Am nächsten Morgen rief ich bei Dr. Chuck Spezzano an. Ich konnte natürlich nicht wissen, dass ich während Lynettes Sitzung anrief. Sie und Chuck hatten nach einer zehnminütigen Pause gerade wieder ihre Arbeit fortgesetzt, als das Telefon klingelte.

»Lynette«, sagte Chuck mit einem erstaunten Gesichtsausdruck, »ich habe noch nie während einer Sitzung ein Telefonat angenommen, aber diesmal habe ich das Bedürfnis, abzuheben. Macht es Ihnen etwas aus?« Sie war einverstanden.

Als Chuck abhob, erklärte ich, ich sei eine Freundin von Lynette und hätte gerne einen Gesprächstermin. Ich sagte auch, dass ich nur an einem bestimmten Tag in zwei Wochen kommen könne.

Chuck seufzte etwas mitleidig und antwortete: »Sie wissen, dass ich oft unterwegs bin, um Seminare zu halten, und wenn ich zu Hause bin, bin ich lange im Voraus ausgebucht. Aber lassen Sie mich nachsehen.« Nach einer Pause sagte er überrascht: »Gerade heute Morgen hat jemand genau in dieser Zeit einen Termin abgesagt. Also kann ich Sie einschieben!«

Zwei Wochen später fuhr ich durch Kalifornien geradewegs zu Chuck. Als er die Tür öffnete, war ich überrascht, wie sympathisch er war, gut aussehend, warm und freundlich. Als wir uns unterhielten, schätzte ich seine Professionalität. Alle Befürchtungen, mit einem attraktiven (und zufälligerweise auch unverheirateten) Mann allein zu Hause zu sein, waren wie weggeblasen. Ich fühlte mich ganz sicher und sehr wohl.

Die Sitzung war bemerkenswert. Die Art, wie er mit mir arbeitete, ging weit über normale Therapien hinaus. Niemand an der Universität hat etwas in kurzer Zeit so Erfolgreiches vermittelt! Seine Arbeit basierte interessanterweise auf Methoden aus dem Buch *Ein Kurs in Wundern*. Nie zuvor war ich von der Arbeit eines Therapeuten so angetan. Ich erinnere mich, dass ich den Himmel angerufen hatte, mir jemanden zu schicken, der die Ideen des Buches internalisiert habe und dem ich als Vorbild nacheifern könne.

Während unserer Teepause ging Chuck hinüber in sein Büro. Später erfuhr ich, dass er dort ein kurzes Gebet gesprochen hatte: »Gott, wenn Du willst, dass ich heirate, schicke mir jemanden wie diese Frau!«

Der zweite Teil unserer Sitzung konzentrierte sich auf meine Eheprobleme. Chuck arbeitete mit einem intuitiven Rollenspiel, in dem er »ich« wurde. Ich konnte mir somit Fragen stellen und Antworten erhalten, die aus einer tieferen Quelle kamen als aus meinem verwirrten Bewusstsein.

Normalerweise hat Chuck großen Erfolg mit dieser Methode. In meinem Fall jedoch war ich ziemlich überrascht, als er mir sagte, wie sehr ich an meiner Ehe festhalten wolle. Ich ahnte nicht, dass er mich anziehend fand und dass er sich besondere Mühe gab, sich nicht in meine Ehe einzumischen. In Gedanken beschloss ich, weitere Eheüberlegungen zu Hause mit meinem Mann anzustellen.

Am Ende der Sitzung drängte es mich, Chuck ein Angebot zu machen. Ich erzählte ihm von unserem Unterstützungszentrum und unserem Trainingsprogramm für freiwillige Helfer. Ich fragte ihn, ob er einen Abend mit diesen Helfern arbeiten könnte, wenn ich in Honolulu einen Workshop anbieten würde, der seine Unkosten decke. Chuck freute sich. Er wollte schon immer einmal auf Hawaii arbeiten. Wir planten, den Workshop im August, also in neun Monaten, anzubieten.

Als er mich nach draußen begleitete, machte Chuck einen seltsamen Vorschlag. Er erzählte mir von einer älteren Dame in der Nähe, die Kunstkurse über Farbtherapie und heilende Mandalas abhielt. Die Frau war außerdem eine begabte Tarot-Kartenlegerin, und sie besaß sogar alte Karten, die ihr vom König der Zigeuner in Europa überlassen worden waren. Sie sei eine reizende Frau und menschlich so wertvoll, dass ich sie unbedingt besuchen solle, wenn ich die Gelegenheit hätte.

Ich zögerte einen Augenblick. Ich hatte mir bisher nie die Karten legen lassen – aus Angst, aber diese Frau klang vertrauenswürdig. Außerdem war es sehr unwahrscheinlich, dass sie gerade jetzt, ohne Voranmeldung, für mich Zeit hätte.

Chuck gab mir ihre Nummer. Ich rief sie an. Eine sehr angenehme Stimme antwortete. Ja, natürlich könne ich kommen, wenn Chuck es empfohlen habe, sie habe jetzt Zeit!

Eine halbe Stunde später saß ich in ihrem Studio vor den Karten. Ich habe mir nicht alles gemerkt, was sie mir sagte, aber ich erinnere mich daran, dass sie ohne Aufforderung anfing, über meine Ehe zu sprechen. »Ihr Mann ist sehr nett, aber Sie hätten ihn nicht heiraten sollen. Es gibt keine tiefere Bindung zwischen Ihnen.«

Fast ohne Pause fuhr sie fort: »Chuck hingegen – ist er nicht wunderbar? Er ist ein echtes Genie!« Ich wusste nicht, was sie in den Karten sah, aber ich musste ihr zustimmen. Chuck war wunderbar.

Sechs Monate später, nach ein paar Eheberatungen mehr, beschlossen mein Mann und ich die Scheidung. Wir teilten unsere Besitztümer und erledigten auch die formalen Angelegenheiten ohne Anwalt. Die Trennung war so schonend wie möglich, und trotzdem hatte ich das Gefühl, mein Leben sei am Ende. Ich war ein Versager, die Zukunft sah trostlos und wenig vielversprechend aus. Ich hatte keine Ahnung, dass der beste Teil meines Lebens damit begonnen hatte.

Du fragst dich vielleicht, wie du überhaupt von deinen Gefühlen entfremdet werden konntest. Es war jedoch unvermeidlich. Als Kind brachte man dir bei, nicht über deine Gefühle zu sprechen, und schließlich solltest du nicht einmal mehr Gefühle empfinden. Am Ende hast du das Gespür dafür verloren, dass du das Recht hast, zu fühlen, was du fühlst ...

Ehrlichkeit

Ich erinnere mich an ein Aufnahmegespräch mit einer der ersten Familien im Unterstützungszentrum. Es war ein wunderschöner Tag auf Hawaii, und ich führte das Gespräch im Freien an einem großen, niedrigen Tisch, so dass wir den Garten und die frische Luft genießen konnten.

Der Vater kam aus dem Kaukasus, die Mutter aus Hawaii. Sie waren Mormonen, und getreu ihrem Glauben hatten sie fünf Kinder zwischen sieben Jahren und sechs Monaten. Die Eltern waren noch jung und offensichtlich noch verliebt. Auch die Kinder wurden von ihnen geliebt und hatten eine enge Bindung zu ihren Eltern und untereinander.

Der zweite Sohn, David, fünf Jahre alt, war an Leukämie erkrankt. Er hatte eine unwiderstehliche Anziehungskraft; er lächelte, war sich aber gleichzeitig seines kahlen Kopfes bewusst. Er balgte sich ein bisschen mit seinem siebenjährigen Bruder, als ich die Eltern bat, Platz zu nehmen. Die Kinder knieten daneben am Tisch und malten. Ich gab ihnen das

Zeichenmaterial, um sie zu beschäftigen, aber auch, um zu sehen, was sie in ihren Zeichnungen zum Ausdruck brächten.

Als ich Informationen über die Familie und den kleinen David einholte, malte ich auch ein Bild.

Es war ein typisches Hawaiibild mit dem Meer und einer kleinen Insel. Ich malte ein blaugrünes Segelboot in die Wellen, auf das die Sonne schien.

Während des Gesprächs mit den Eltern merkte ich, dass sie niemals mit den anderen Kindern über die Tatsache gesprochen hatten, dass David an Leukämie litt. Sie wollten ihnen keine Angst machen, deshalb hatten sie nie offen darüber gesprochen. Ich wusste, es würde viel einfacher für die Kinder, wenn man offen über das Problem spräche, sodass sie ihre Ängste und ihre Gefühle zum Ausdruck bringen, ihre falschen Vorstellungen korrigieren und Trost annehmen könnten. Ich sagte den Eltern, wie wichtig es sei, sich mit den Kindern zusammenzusetzen und ihnen zu erklären, dass David Leukämie habe und was dies bedeute, ihnen zu sagen, wie die Behandlung im Krankenhaus aussehe, wie Davids Aussichten seien und womit sie möglicherweise rechnen müssten. Als ich das sagte, unterbrach uns Davids älterer Bruder einmal, um seine Mutter zu fragen, wie man »Titanic« schreibe.

Ich schaute auf das Bild, das er malte. Er malte ein Bild mit einem Schiff, wie ich, aber sein Schiff war groß und in schweren dunklen Farben, in Schwarz, Braun und Rot gemalt.

Seine Mutter buchstabierte ihm das Wort »Titanic«, und er schrieb es auf die Seite seines Schiffes. Als ich das Bild noch einmal anschaute, sah ich, dass das Schiff brannte und im Sinken begriffen war. Kleine Figuren trieben im Meer, mit schrecklichen Gesichtszügen. Eine Figur im Vordergrund sah aus wie ein kleiner Junge, dessen Haare zu Berge stehen und dessen Mund gerundet war, als wolle er sagen: »Oh! Rette mich!«

Gegen Ende des Gesprächs planten die Eltern, in der Familie über Davids Krankheit zu sprechen. Als sie gingen, sah ich, dass der Junge sein Bild fertig gezeichnet hatte. Er hatte neben den ertrinkenden Jungen ein blaugrünes Segelboot gemalt; der Junge wurde gerettet. Es wird ihm gut gehen. Er wird in der Lage sein, über seine Angst, in der er fast ertrunken wäre, zu sprechen.

Als die Familie ging, blieb David stehen und drehte sich nach mir um. Nach einem kleinen Moment des Zögerns rannte er auf mich zu und umschloss meine Beine in einer festen Umarmung. Dann sauste er hinaus.

Beginne zu fühlen, was in deinem Herzen verborgen ist. Du hast die Erlaubnis, die Hilfe und die Kraft dazu. Ich bin bei dir auf eine sehr »wirkliche« Weise. Wir sind alle eins, es gibt keine Trennung zwischen uns. Ich weiß, was du fühlst. Ich weiß, wer du bist. Wonach du dich tief in dir wirklich sehnst, ist, verstanden zu werden. Der größte Wunsch des menschlichen Herzens ist es, wirklich verstanden zu werden und wirklich geliebt zu werden.

John

Während ich im »Support Center«, dem Unterstützungszentrum für schwerkranke junge Menschen, arbeitete, flog ich auf die Nachbarinsel Maui, um an einem Seminar mit dem Titel »Leben, Tod und Übergang« teilzunehmen. Dieses Wochenende war äußerst eindrucksvoll.

Als ich am Sonntagnachmittag ins Flugzeug stieg, um zurückzufliegen, war ich noch ganz von diesem Erlebnis gefangen genommen. Ich saß so tief in Gedanken im Flugzeug, dass ich die anderen Passagiere nicht wahrnahm, bis sich jemand neben mich setzte, den ich nicht übersehen konnte. Es war ein junger Mann um die 20, groß, gut gebaut, hübsch und blond. Das Bemerkenswerteste an diesem jungen Wikinger war die überschäumende Lebensfreude, die von ihm ausging.

Ich musste ihn beachten, ich hatte keine Wahl. Er riss mich mit seinem Enthusiasmus und seiner brillanten Art förmlich aus meinen Gedanken. Er erzählte mir, dass er gerade an einem Kanurennen auf Maui teilgenommen habe. Sein Team habe diesen Durchlauf gewonnen. Er war zum ersten Mal Steuermann, und er hatte seine Sache gut gemacht. Er war in Hochstimmung. Er erzählte mir jede Kleinigkeit dieses Wettbewerbs und durchlebte dabei den ganzen Erfolg noch einmal.

Am Ende des kurzen Fluges wurde mir bewusst, dass ich den Jungen wirklich mochte, dass ich dankbar dafür war, dass es einen unter uns gab, der »alles« hatte, der sein Leben in vollen Zügen genießen konnte, dem alles offenstand, was das Leben zu bieten hatte. Ich fühlte mich glücklich für ihn und wünschte ihm das Beste, als wir uns verabschiedeten und das Flugzeug verließen.

In der nächsten Woche arbeitete ich wieder. Eine Schwester der psychiatrischen Station des Kinderkrankenhauses rief mich wegen eines neuen Falles an. Sie hatte einen Jungen auf Station, der verbittert, verschlossen und äußerst gereizt war. Er litt an zystischer Fibrose, einer Erbkrankheit, bei der die Lunge sich mit Bindegewebe füllt und schließlich nicht mehr arbeitet.

Er sei des Lebens überdrüssig, sagte sie. Die Krankenschwester erwartete nicht viel, aber sie dachte, unsere Therapie könne ihm vielleicht helfen. Zumindest hätte sie die Gewissheit, nichts unversucht gelassen zu haben.

Sie berichtete, dass der Junge zu ihrem Erstaunen bereit war, mich zu sehen, als sie meinen Namen nannte. Das war nicht typisch für ihn, aber sie wollte ihm keine Fragen stellen.

Am nächsten Morgen ging ich ins Krankenhaus. Als ich das Zimmer des Patienten betrat, traute ich meinen Augen nicht. Im Bett saß, mit einer Infusion im Unterarm, mein grandioser Wikinger. Er grinste über das ganze Gesicht.

Offensichtlich kannte er meinen Namen aus dem Flugzeug und erinnerte sich daran, als die Krankenschwester ihn nannte. Mein Verstand stand still, ich hatte einen Schock. Der Schmerz traf mich wie eine Faust in der Magengrube. »Wie kann das sein?«, fragte ich ihn. Er erzählte mir von seiner Krankheit und wie er Schritt für Schritt dagegen angekämpft habe.

Die Fibrose hatte seine Lungenkapazität vermindert und seine Fähigkeit zum Atmen eingeschränkt. Er hatte darum gekämpft, seinem Körper so viel Sauerstoff wie möglich zuzuführen. Er trainierte heldenhaft als Gewichtheber, aber die Krankheit drückte ihn nieder. Das Kanurennen vergangene Woche war sein letzter Wettkampf. Deshalb hatte es ihm so viel bedeutet, es gewonnen zu haben. Jemand, der mit schwerer zystischer Fibrose geboren wird, stirbt meist als Kind oder Jugendlicher. Es war etwas Besonderes, dass er 21 Jahre erreicht hatte. Was ihn erwartete, war Sisyphusarbeit. Vor kurzem sei er nicht in der Lage gewesen, mit dem Gefühl seines Scheiterns zu leben, und sei daher sehr aggressiv geworden.

Ich glaube, es war das mit mir geteilte Gefühl des Triumphes, das es John ermöglicht hatte, sich mir mitzuteilen. Er sprach über alles, was ihn bedrückte, über den Tod, über das, was mit ihm geschah.

Ich erzählte ihm alles, was ich über den Tod gelernt hatte, von den Erfahrungen anderer, die ins Leben zurückgeholt worden sind, vom hellen, liebenden Licht, das ihnen erschien, von Familienmitgliedern und Freunden, die auf der anderen Seite auf sie warteten, von der Freiheit von allem Schmerz.

Er wollte, dass ich ihn oft besuche. Wir sprachen lange über Philosophie und Metaphysik, und es entstand eine Freundschaft zwischen uns. Einmal ließ er sich vom Krankenhaus beurlauben und nahm mich mit zur Universität, um ein Videoband einer Vorlesung Leo Buscaglias über die Liebe anzuschauen. Es brach mir das Herz, dass meine Wünsche sich für John nicht erfüllten. Er hatte nicht »alles« im Leben. Er wird nie gesund sein, nie eine Frau und Kinder haben. Dies jedoch schränkte keineswegs das ein, was John im Übermaß besaß: Schönheit des Geistes, die Fähigkeit zu lieben und den Mut, seinen Weg mit ganzem Herzen zu gehen.

Sobald du Gefühle verspürst, nutze sie als Leitfaden zu deinem Herzen! Nutze die Emotionen, die frei werden, als eine Möglichkeit, zu lernen, wie du wieder richtig fühlen und wirklich leben kannst!

Öffne dein Herz und traue dich zu fühlen! Jede Empfindung, jede Art von Gefühl kann ein Faden sein, der dich zu deinem Herzen zurückführt und zu deiner inneren Verbindung mit der Liebe. Immer, wenn du im Gefühl vibrierst, eröffnet sich dir die Möglichkeit, eine weitere Schicht alter Seelenlasten abzutragen, dich selbst zu heilen und dich dem Leben zu öffnen.

Shannon

Von allen Kindern, die ins »Support Center« kamen, bahnte sich Shannon seinen Weg in mein Herz am schnellsten. Er war ein zehnjähriger Junge portugiesischer Abstammung. Ich lernte ihn im Krankenhaus kennen am Tag nach seiner zweiten Operation, einem gescheiterten Versuch, einen großen und schnell wachsenden Gehirntumor zu entfernen. Bei der Operation wurden Nerven seiner linken Körperhälfte beschädigt. Links konnte er nicht mehr lächeln, nichts greifen, und wenn er lief, musste er das linke Bein nachziehen. Sein Kopf war kahlrasiert; die Operationsnarbe auf seinem Schädel war ein erschreckender Anblick. Als wir miteinander bekannt gemacht wurden, versuchte er gerade, mit einem Strohhalm etwas zu trinken. Er war noch etwas benommen, und man sagte mir, dass er sich vielleicht nicht an meinen Besuch erinnern werde.

Es erstaunte mich, dass Shannon und seine Mutter seltsam reagierten, indem sie beide sich nicht gegen das auflehnten, was geschah. Es herrschte keine tragische Stimmung im Krankenzimmer. Sie schienen das, was geschehen war, einfach als Tatsache zu akzeptieren. Ich empfand großen Respekt für beide.

Im Laufe der Wochen gelang es Shannon, meine scheue Zurückhaltung zu durchbrechen und mich als Freund an sich zu ziehen. Ich genoss den Spaß und die Vertrautheit in unserer Beziehung. Wenn er zu unseren Treffen im »Support Center« kam, humpelte er hinein, hob seine gesunde Hand wie ein Ägypter und stellte sich mit einer dunklen Sonnenbrille als »Joe Cool im Support Center« vor. Dann gab er mir einen Klaps auf den Po und sagte: »Heh, Lence, wie geht's?« Ich war hingerissen von seinem Stil, ich liebte seine Art.

Eines Tages konvertierte Shannon aus heiterem Himmel vom Katholizismus zum baptistischen Glauben, und bald hatte ich das Vergnügen, an Shannons Taufe teilzunehmen.

Nachdem er ganz eingetaucht war, sprang er mit einem Grinsen aus dem Taufbecken, winkte der ersten Reihe der Gemeinde zu und jubelte: »Hallo, Mama!«

Als Shannon nicht mehr zur Schule gehen konnte, verbrachten wir immer mehr Zeit miteinander. Er lungerte in meinem Büro herum oder lud mich zu sich nach Hause ein, seine Familienangehörigen kennenzulernen.

Shannons Zustand schien relativ stabil zu sein. Keiner von uns war darauf vorbereitet, als er eines Nachts eine Gehirnblutung bekam und in den Armen seiner Mutter starb. Als sie mich anrief, um es mir zu sagen, bekam ich einen großen Schrecken, verspürte aber keinen Schmerz.

Sie bat mich, die Rede bei Shannons Beerdigung zu halten. Ich war gerührt, fühlte mich geehrt und war froh über die Gelegenheit, anderen mitzuteilen, was ich von meinem kleinen Freund gelernt hatte. Ich war allerdings auch überrascht, dass ich gefühlsmäßig gar nicht auf seinen Verlust reagierte. Konnte es sein, dass mein metaphysischer Glaube an ein Leben nach dem Tod mir die Erfahrung des Leids ersparte?

Ein paar Tage später betrat ich die Baptistenkirche, in der Shannon getauft worden war. Sie war voll besetzt mit Shannons Familie, seinen Freunden und allen Familien und Helfern aus dem »Support Center«. Spürbare Liebe erfüllte den Raum und setzte ursprüngliche visionäre Kräfte frei. Man spürte, wie alle Elemente einer großen Alchemie brodelten und eine Gelegenheit für uns alle schufen, in den Strom einer großen Begegnung einzumünden.

Ich setzte mich ein paar Reihen hinter Shannons Eltern und schaute mir die Programmabfolge des Gottesdienstes an. Ich sollte nach einem Lied der Gemeinde sprechen. Ich fühlte mich innerlich inspiriert und bereit für meine Aufgabe.

Worauf ich nicht vorbereitet war, war das Lied, Shannons Lieblingslied. Zusammen sangen wir »Jesus liebt mich«. Viele Erwachsene sangen das Lied zum ersten Mal wieder seit ihrer Kindheit.

Die schlichte Ausdruckskraft des Liedes ergriff uns, und wir fühlten uns selbst wieder wie Kinder. Es war so lieb, so wirklich, so persönlich, so treffend. Es setzte jeden Verteidigungsmechanismus, der uns von unserem Herzen und unseren Gefühlen trennte, außer Kraft. Es gab keinen Schutz mehr vor der Tatsache, dass wir uns auf der Trauerfeier eines von uns allen geliebten Kindes befanden. Wir alle weinten bitterlich. Plötzlich, viel zu schnell, war das Lied vorüber, und es war Zeit für meine Ansprache.

Ich war mitten im Kampf mit meinen Gefühlen. Ich war nicht fähig, mich zu sammeln, zum Podium zu gehen und zu sprechen. Shannons Mutter drehte sich mit glänzenden Augen zu mir um. Ihr Blick gab mir den Willen aufzustehen. Ich konnte ihre stille Botschaft hören: WEINE NICHT! Sie wollte, dass die Trauerfeier eine Feier für Shannons Leben sein sollte.

Dank meiner gut beherrschten Fähigkeiten, meine Empfindungen zu unterdrücken, fühlte ich, wie ein innerer Mechanismus von der Magengegend aufstieg, die Gefühle in meiner Kehle mit eiserner Faust umschloss und in schwarze Tiefen zurücksank. Die Tür zum Leiden war wieder verschlossen. Ich sagte mir, dass ich sie später wieder öffnen könnte, um meine Gefühle erneut zuzulassen.

Ich sah mich imstande, nach vorne zu gehen und zu sprechen. Meine Stimme war leise, aber ich weinte nicht. Ich sagte alles, was ich sagen wollte. Ich teilte die Lebenslektionen, die Shannon mich gelehrt hatte, und alles, was er mir geschenkt hatte, mit den anderen.

Als Gemeinschaft erfuhren wir göttliche Inspiration, Liebe und Glück.

Anschließend gingen alle in den Gemeindesaal und feierten eine große Party. Die Kinder lachten und rannten umher, die Erwachsenen lachten und umarmten sich. Es war wunderbar. Wir erfuhren den Himmel in diesem Saal. Das Fest dauerte Stunden. Niemand wollte nach Hause gehen.

Spät am Nachmittag ging ich heim und dachte: »Jetzt kann ich weinen. Jetzt kann ich's zu Ende bringen.« Aber ich saß nur da und konnte nichts empfinden. Die Tür, die sich während des Liedes kurz geöffnet und Gefühle freigelassen hatte, war wieder fest verschlossen. Ich fand noch nicht einmal eine Ritze oder einen Spalt, der anzeigte, wo die Tür war. Mein Selbstschutzmechanismus funktionierte wieder. Es sollte einen Monat dauern, bevor die Tür sich wieder öffnete.

Was wäre, wenn sich dein Herz jetzt öffnete? Was wäre, wenn es voller Schmerz und tiefer Gefühle wäre? Was wäre, wenn du allen Widerstand aufgäbest und dich einfach in den Brunnen deiner Empfindungen fallen ließest? Kämest du jemals an einem Ende an? Fändest du jemals wieder einen Weg nach außen?

Es ist gut, dass du danach fragst, weil es ein Problem ist, dem du dich stellen musst, ein Risiko, das du eingehen musst. Und ich kann dir ermutigend antworten:

Es gibt in dir keinen Brunnen der Gefühle ohne Boden. Es ist ungefährlich, einem Gefühl nachzugehen, egal, wie tief es sein mag. Das Gefühl zuzulassen, vervollkommnet uns und macht uns gesund. Am Boden der Empfindungen angekommen, findest du dein Herz und erkennst seine Aufgabe ...

Lisa

Einen Monat nach Shannons Tod hatten wir unseren nächsten Krisenfall im »Support Center«. Ein hübsches, junges Mädchen namens Lisa, 15 Jahre alt, halb philippinischer und halb portugiesischer Abstammung, sollte operiert werden.

Lisa, beliebt und intelligent, war »Cheerleader« ihrer Highschool. Dadurch wurde ihre Krebserkrankung entdeckt. Während eines Fußballspiels sprang sie hoch, um ihr Team anzufeuern, und als sie wieder am Boden aufkam, versagte ihr Bein. Eine Röntgenaufnahme beim Notarzt machte deutlich, dass sie an Knochenkrebs im Knie litt.

Als ich Lisa zum ersten Mal sah, war ihr hübsches, taillenlanges Haar schon zu einem kurzen Bubikopf geschnitten, als Vorbereitung für die Chemotherapie, die ihren Körper ausmergeln und sie kahl machen würde. Die erste Behandlungsrunde sollte die Größe des Tumors im Knie reduzieren. Sobald die Ärzte mit dem Ergebnis zufrieden wären, würden sie ihr Knie operativ entfernen. Wenn sich bei der Operation herausstellen sollte, dass auch die Beinknochen nicht mehr zu retten wären, würde Lisa ihr Bein bis zur Hüfte verlieren.

Am Abend vor der Operation konnte ich mir Lisas Grauen nicht ausmalen, die hübsche Lisa mit nur einem Bein! Ich hatte das Gefühl, ich müsse ins Krankenhaus gehen, um ihr und ihrer Familie zu helfen, sie vielleicht sogar ein bisschen zu ermutigen. Ich konnte mich dieser Aufgabe nicht entziehen, obwohl ich es gerne getan hätte. Während der Fahrt zum Krankenhaus bereitete ich mich so gut wie möglich auf meine Aufgabe vor.

Durch das Gewirr von Aufzügen und Gängen fand ich den Weg zu Lisas Zimmer, und weil die Tür geschlossen war, klopfte ich an. Ich hörte gedämpfte Stimmen. Verschwörerisch öffnete sich die Tür nur einen Spalt weit. Dunkle Augen schauten mich an. »Ist in Ordnung, das ist Lency«, hörte ich, »du kannst hereinkommen!«.

Mit einem Kichern wurde ich in das Zimmer gezogen, und die Tür schloss sich schnell wieder hinter mir. Bei Lisa waren ihre Großmutter, ihre Mutter und ihre Schwester. Sie hatten eine Pizza für Lisa eingeschmuggelt, die vor ihrer Operation natürlich nicht erlaubt war. Lisa genoss den Schmaus sichtlich und freute sich über ihre gemeinsame weibliche Verschwörung.

Sie saß auf ihrem Bett und gönnte sich jeden verbotenen Bissen ihrer köstlichen Mahlzeit. Ich schaute völlig verblüfft um mich. Ich war mitten in eine Party geraten! Die Frauen lachten, scherzten, spielten und amüsierten sich. Was ich sah, war unglaublich!

Wo nahmen diese Frauen den Mut her, am Abend, bevor Lisa vielleicht ihr Bein verlor, so ausgelassen zu sein? Wie konnten sie diese furchtbare Möglichkeit, ja Wahrscheinlichkeit, morgen vor Augen haben und trotzdem die Fähigkeit besitzen, in diesem Augenblick glücklich zu sein? Was ich hier sah, trieb mir die Tränen in die Augen.

Lisas Mutter, Liz, sah meinen Gesichtsausdruck und setzte mich auf das freie Bett im Zimmer. »Es ist schwer, wir wissen es!«, sagte sie, als sie ihren Arm um mich legte und mich streichelte. Ich schaute sie alle sprachlos an. Sie trösteten *mich*, sie machten *mir* Mut! Glücklicherweise setzten sie ihre Feier fort, schwatzten, scherzten und lachten. Es war nicht so, dass sie ihre wahren Gefühle verleugneten. Sie fühlten sich *wirklich* glücklich.

Nach ein paar Minuten war ich sicher, ihnen genug »geholfen« zu haben. Ich besaß den Anstand, ihnen alles Gute zu wünschen und zu gehen. Sobald ich die Tür hinter mir geschlossen hatte, überwältigte mich mein Gefühl. Die Heftigkeit und die Kraft ihres Entschlusses, das Licht ihres Herzens leuchten zu lassen, traf mich so, dass ich in den Brunnen meiner Empfindungen gestoßen wurde; ich gab mich meinem Schmerz hin. Ich trauerte um Lisas verlorene Jugend. Ich trauerte um das Herz ihrer Mutter.

Ich weinte über Shannons Tod, den Verlust für seine Familie, den Verlust in meinem Leben. Die Tränen strömten über mein Gesicht, während meine Hände nach dem Aufzugknopf tasteten. Ich schaffte den Weg aus dem Krankenhaus und über den Parkplatz bis zu meinem Auto. Ich weinte den ganzen Weg zurück über die Schnellstraße – eine große Woge des Leids hatte mich erfasst.

Ich hatte nicht mehr länger mit den Kindern Mitleid, sondern mit mir selbst: Jeder kleine, aber herzzerreißende Verlust, jede Enttäuschung, jeder Tod, den ich geschluckt habe, ohne den Mut, etwas zu fühlen … ich fiel in meinen eigenen tiefen Brunnen des Leides und der Enttäuschung.

Während ich fuhr, glaubte ich die Scheibenwischer einschalten zu müssen, um etwas zu sehen. Aber es regnete nicht außen, es regnete innen.

Es war der Abend, an dem ich mich mit meiner Gruppe zum Studium des Buches *Ein Kurs in Wundern* traf. Blind fuhr ich dorthin, um bei meinen Freunden zu sein. Als ich mit Verspätung ankam und zur Kirche, in der wir uns trafen, hinaufstolperte, konnte ich nichts sagen. Mein Gesicht muss Bände gesprochen haben.

Alle standen auf, kamen zu mir und führten mich in ihre Mitte. Dort hielten sie mich, während ich all meinen Schmerz gebar, während ich mich von einem Leben voller Tod befreite. Stunden später setzten sie mich, ohne ein Wort mit mir gesprochen zu haben, in mein Auto. Ich fuhr los, fand den Weg in mein Bett und weinte mich in den Schlaf.

Als ich am nächsten Morgen aufwachte, war es ein Erwachen, das dem ähnelte, als ich zum letzten Mal das psychologische Beratungszentrum der Universität verlassen hatte. Es war ein Tag, an dem man einen neuen Kalender beginnen konnte, von dem aus man mein Leben neu berechnen konnte. Dieser Neuanfang war eine neue Welt, ein neues Leben, ein neues Herz.

Lisas Operation verlief sehr gut. Ihre Kniescheibe wurde entfernt. Vorübergehend verband ein Metallgelenk den Unterschenkel mit dem Oberschenkel. Und wo einst Knochen war, hatten die Ärzte Knochensplitter aus ihrer Hüfte eingepflanzt. Ein neuer Knochen würde wachsen. Lisa lebte noch fünf Jahre, bevor sie endgültig ihrem Krebs erlag. Sie behielt die Würde ihres Wesens, ihren sprühenden Witz und ihre Liebe zum Leben bis zum Schluss.

Die vielleicht wichtigste Erfahrung, die ich im »Support Center« machte, war, zu lernen, wie man trauert. Ich brauchte einen Monat nach Shannons Tod, bevor ich trauern konnte. Mit jedem folgenden Todesfall lernte ich, früher zu trauern, sodass ich schließlich in der Lage war, mich von einem Freund zu lösen, wenn ich ihn zum letzten Mal sah, und mich in Liebe zu verabschieden.

Ich bin über die Jahre mit Lisas Mutter in Verbindung geblieben. Diese Woche kam ich zufällig an dem Geschäft in der Fußgängerzone vorbei, in dem sie arbeitet, und ging hinein, um ihr guten Tag zu sagen. Wie immer freuten wir uns sehr, uns wiederzusehen.

Es war, als steige sie aus ihrem Körper aus und verbinde sich mit mir zu einer geistigen Einheit aus Ehrlichkeit, Beherztheit und Kraft. Im Bewusstsein unseres Verlustes fühlten wir ehrlich, und wir freuten uns darüber, Liebe füreinander empfinden zu können.

Obwohl sie keine stark gefühlsbetonte Frau war, hielt sie meine Hände und sagte: »Du wirst niemals einschätzen können, wie sehr du mir geholfen hast und wie dankbar ich dafür bin. Wenn du mich nicht dazu bewegt hättest, ins Center zu gehen, was wäre dann aus mir geworden? Wenn ich die Hilfe des Centers nicht gehabt hätte und das Rüstzeug dort nicht bekommen hätte, hätte ich Lisas Tod niemals akzeptiert. Es ist manchmal wirklich sehr schwer, weil sie mir so fehlt, aber ich habe noch ihre Freunde, und ich habe Virgie und Norma (andere Mütter aus dem Center), und es geschieht so viel Gutes in unserem Leben. Durch all diese Liebe behalte ich Lisa bis an mein Lebensende.«

Menschen zeigen sich oft von ihrer besten Seite, wenn es ihnen am schlechtesten geht. Um frei von Schmerz zu sein, brauchst du nur ins Licht zu nicken, was die Schätze deines Herzens aufleuchten lässt und zum Guten führt. Wenn du dazu bereit bist, wirst du den Schmerz nicht mehr brauchen, um dir eine wichtige Lektion zu erteilen. Liebe und Glück lehren dich alles, was du wissen musst.

Wendy

Eine andere herausragende Persönlichkeit im »Support Center« war ein richtiger Frechdachs namens Wenda. Wir nannten sie Wendy. Wendy war in vieler Hinsicht außergewöhnlich. Es war ungewöhnlich, dass sie überhaupt noch lebte. Es war ein Wunder, dass sie ihren 21. Geburtstag feiern konnte. Sie litt an einer seltenen genetischen Störung, die als „idiopathische hyperalkalische Phosphatemie" bekannt war, einer so schrecklichen und schmerzhaften Krankheit, dass es schwierig ist, sich überhaupt vorzustellen, was für ein Leben sie hatte.

Wendys Kopf hatte die Größe, nur nicht die Form eines normalen Erwachsenenkopfes, aber ihr Körper war nur knapp 70 Zentimeter lang, und sie wog nur 27 Pfund. Ihre Knochen wuchsen nach innen, so dass sich die Rippen nach innen bogen und die inneren Organe durchdrangen. Ihr Körper war so verwachsen, dass man sich schwer vorstellen konnte, wie sie bei einer solchen Entwicklung am Leben bleiben konnte. Obwohl ihr Gesicht nicht normal geformt war, strahlte es eine gewisse Schönheit aus, vor allem die Augen. Und wenn man Wendy erst einmal kannte, vergaß man ihren

Körper bald, weil sie ein so einnehmendes Wesen hatte. Sie war eine sehr lebhafte und starke Persönlichkeit, ausgelassen, liebevoll und mitfühlend, aber sie selbst klagte nie. Sie klagte nie über die ständigen Schmerzen, obwohl sie Schmerzmittel in einer Dosierung nehmen musste, die jeden anderen umgebracht hätte. Sie war auch permanent an Infusionen und Sauerstoffkanülen angeschlossen, um überleben zu können.

1982, als Wendy 22 Jahre alt war, kamen die Ärzte zu dem Ergebnis, dass sie für Wendy nichts mehr tun konnten. Sie wollten die Infusionen einstellen und Wendy zum Sterben nach Hause schicken. In dem Zustand, in dem sie sich befand, war es grausam, sie weiter künstlich am Leben zu halten. Die Ärzte glaubten, Wendy werde eines natürlichen Todes sterben, wenn sie die Herzmittel und andere Medikamente nicht mehr bekomme.

Wendy kam nach Hause, um sich auf ihren Tod vorzubereiten. Sie zeigte ungeheuer großes Interesse daran, ihr Begräbnis zu planen. Es sollte ein großes Ereignis und ein Erlebnis für jeden werden, der daran teilnahm. Sie wollte, dass wir ihre Lieblingstitel aus der Rockszene spielten, und sie wollte ihr Kommunionkleid mit Schleier tragen. Sie wollte wie eine kleine Braut aussehen. Das hatte eine symbolische Bedeutung: Da sie im Leben keinen Ehemann haben konnte, wollte sie als Braut Christi in den Himmel eingehen. Sie stammte aus Puerto Rico und war strenggläubige Katholikin.

Ihr größter Wunsch war es, bei ihrer Beerdigung eine Botschaft zu verkünden, eine Botschaft für ihre Familie, ihre Freunde und ihre Lehrer, die alles wiedergab, was sie gesagt haben wollte. Sie bat mich, die Botschaft für sie aufzuschreiben und vorzutragen.

Ihre Welt bestand aus dem Zimmer, in dem sie lebte, dem Krankenhausbett, das sie nie verlassen hatte, dem Sauerstoffgerät und dem Tubus in ihrer Nase sowie den Tausenden von Kinkerlitzchen, Schlüsselanhängern und winzigen Stofftieren, die über ihr hingen, soweit ihr Blickfeld reichte.

Sie mochte Dinge, die »klein« waren wie sie selbst. Jedes kleine Geschenk über ihrem Bett erinnerte an einen Besucher. Sie konnte sich kaum bewegen, aber sie regierte in ihrem kleinen Königreich mit Hilfe eines Rückenkratzers aus Holz, mit dem sie ihre Reichweite verlängerte. Jeden Morgen brauchte ihre Mutter ein paar Stunden, bis sie eine Position gefunden hatte, in der Wendy bequem liegen konnte. Ihre Lage musste häufig verändert werden, aber sehr vorsichtig, da ihre Knochen zerbrechlich wie Glas waren.

Bevor sie an diesem Tag anfing, mir ihre Botschaft zu diktieren, tat sie etwas, das mir sehr nahegegangen ist. Sie zeigte mir ihren Körper. Normalerweise war sie sehr bescheiden, aber an diesem Tag wollte sie mich wissen lassen, welche Höllenqualen sie durchmachte.

Dann begann sie mit ihrer zarten, kleinen Stimme zu sprechen. Sie sprach stundenlang, und ich schrieb mit, bis sie alles gesagt hatte, was sie sagen wollte. Ich ging nach Hause und fasste alles zusammen.

Folgendes wollte Wendy auf ihrer Beerdigung gesagt haben:

»Ich habe meine Freundin Lency gebeten, meine Gedanken aufzuschreiben und euch heute vorzulesen. Sie hat mir oft zugehört, wenn ich über meine Gefühle gesprochen habe, und ich weiß, dass sie mich versteht. Ich spüre auch, dass mein Bruder Gregor, der vor zwei Jahren als Siebzehnjähriger an derselben Krankheit starb, geholfen hat, ihr die Hand zu führen. Ich hatte ein schwieriges Leben, aber ein erfülltes. Und ich möchte die kostbaren Dinge, die ich im Leben gelernt habe, mit euch teilen.

Ich sehe mein Leben als erfüllt an, weil ich das Gefühl habe, mein Lebensziel erreicht zu haben, während viele Leute es nicht erreichen, auch wenn sie sehr lange leben. Das Ziel des Lebens ist es, zu verstehen, dass die Liebe alles im Leben bedeutet.

Vieles hat sich in meinem Leben ereignet. Es ist schwer für mich, zu entscheiden, wo ich anfange. Ich will euch nicht mit meinen Problemen langweilen, aber ich möchte euch mitteilen, wer ich bin und welche Erfahrungen ich im Leben gemacht habe.

Ich habe häufig seelischen Schmerz, Enttäuschung und Verzweiflung in meinem Leben erlitten, obwohl ich versucht habe, dies nicht zu zeigen. Deshalb konnten nur wenige Menschen hinter die Fassade schauen und erkennen, wer ich wirklich bin, meine Intelligenz, meine Reife und meinen Humor wahrnehmen. Aufgrund meiner Größe behandelten mich die meisten Leute wie ein Baby, als hätte ich keine Gefühle. Ich möchte meinem Vater danken, der immer wusste, wie er mich zu behandeln hatte.

Ich wollte immer einen Freund haben, aber die meisten Jungen fürchteten sich vor mir. Ich war oft eifersüchtig auf meine Schwestern und meine Freundinnen, die mit einem Jungen verabredet waren. Ich kann noch nicht einmal normale Kleidung oder Schmuck tragen wegen der Knochen in meinem Brustkorb.

Oft hatte ich das Gefühl, dass mich keiner verstand. In vielen Nächten weinte ich mich in den Schlaf. Oft wollte ich mich umbringen, häufig fühlte ich mich innerlich tot.

Mein Leben war wie eine Achterbahn, vor allem in den letzten Jahren. Häufig wollte ich losfahren, und wenn ich dann zu schnell zu weit nach unten fuhr, hatte ich Angst, herauszufallen. Aber es ist mir immer gelungen, in der Bahn zu bleiben und die Höhen und Tiefen zu nehmen. Ich möchte meiner Lehrerin in der Highschool, Miss Yamady, dafür danken, dass sie mir immer zugehört hat, mich akzeptiert und ermutigt hat.

Ich bin ein Mensch, der die Unabhängigkeit liebt; ich möchte vieles alleine machen. Eine meiner größten Belastungen im Leben war meine Hilflosigkeit, meine Abhängigkeit von anderen. Es war immer abscheulich für mich, vieles nicht alleine zu können. Ich lebte ein Leben ohne Intimsphäre. Meine Mutter musste mich täglich waschen und anziehen. Es kostete sie Stunden.

Es tut mir weh, wenn ich sehe, dass man sich meinetwegen abarbeitet. Ich fühle mich unwohl, weil meine Mutter Rückenschmerzen davon hat, mich so oft heben zu müssen, und sie hat unzählige Stunden damit verbracht, einfach bei mir zu sitzen. Ich weiß, wie sehr sie gelitten hat. Es ist, als hätte ich sie all die Jahre wie eine Gefangene gehalten, weil ich sie immer um mich haben wollte. Jetzt fühle ich mich, als hätte ich die Schlüssel zu diesem Gefängnis weggeworfen. Ich möchte dich, Mutter, wissen lassen, wie sehr ich dich liebe und wie dankbar ich dir für alles bin, was du für mich getan hast. Ich hoffe, Papa und du können jetzt ein neues Leben beginnen.

Ich habe es endgültig satt, in Wendas Körper zu leben. Manchmal wollte ich kaum glauben, dass mein Leben so schwierig sein könnte und dass ich so viele Schmerzen ertragen könnte. Wenn es meiner Lunge besser ging, rebellierte mein Magen. Und wenn sich mein Magen beruhigt hatte, plagte mich meine Lunge oder mein Kopf oder sonst irgendetwas. Es ist so schwer, nachts zu schlafen; ich habe Angst, dass mir etwas wehtut. Es ist schon so lange her, dass ich einmal einen Moment schmerzfrei war.

Ich hasse es, ständig irgendwo angeschlossen zu sein, an Sauerstoffgeräten oder Infusionen, wenn ich frei sein möchte. Abgesehen davon, dass ich meinen Körper verfluche, hasste ich mich auch manchmal selbst dafür, nicht zu schätzen, was man für mich tat.

Mein Leben war nicht einfach. Ich habe meine Behinderungen nie akzeptieren können. Ich habe viele Herausforderungen und viele Enttäuschungen erlebt. Aber ich habe immer gewusst, dass Gott für alles, was geschieht, einen Grund hat. Dieser Grund, der Zweck meines Lebens, wurde mir durch eine ganz besondere Gruppe deutlich gemacht, nämlich durch meine Freunde aus dem »Support Center«. Es ist wunderbar, so viele reizende Menschen im Leben um sich zu haben. Vorher war meine Familie isoliert, aber jetzt sind wir integriert, und meine Mutter hat Freunde, mit denen sie sprechen und auf deren Hilfe sie zählen kann.

Ich hatte nie die Gelegenheit, viele Freunde zu finden. Ich kam immer mit denselben Kindern in die Schule und hatte nie irgendjemand anderen. Jetzt habe ich Lisa und Stephanie, und ich kann es kaum fassen, dass ich ihnen mein Herz so öffnen konnte. Die freiwilligen Mitarbeiter des Centers haben ein Buch für mich geschrieben, und durch dieses Buch habe ich herausgefunden, wer ich wirklich bin.

Ich habe mich nicht so gesehen, wie sie mich sehen konnten. Ich habe nicht realisiert, was ich getan habe, um anderen Menschen zu helfen. Ich habe nicht bedacht, dass Gott mich auserkoren hatte, einer seiner ausgesandten Lehrer zu sein.

Ich glaube, das Leben ist wie ein Regenbogen. Am Anfang mühen wir uns hinauf, aber am Ende, wenn man so weit kommt, findet man den Goldenen Topf. Ich fand das Gold in euch allen hier, in echter Freundschaft und Liebe. Für mich seid ihr alle wertvoll wie Gold.

Ich merkte, was Gottes Plan und sein Geschenk an mich war: die Möglichkeit, anderen Menschen zu helfen. Jetzt fühle ich mich innerlich ausgefüllt. Die Liebe ist alles.«

Wendy hob diesen Brief in einer Mappe in ihrem Zimmer versteckt auf. Ihre Mutter hatte versprochen, ihn nicht zu lesen, solange Wendy noch lebte.

Eines Tages besuchte sie Frau Elisabeth Kübler-Ross, eine Expertin über den Tod und das Sterben. Wendy bat sie, den Brief herauszunehmen und zu lesen. Frau Kübler-Ross war so beeindruckt von Wendys Brief, dass sie die beiden letzten Abschnitte auf kleine Visitenkärtchen für Wendy drucken ließ. Ein Topf mit Gold und ein Regenbogen waren auf die Karte gemalt. Wendy verbrachte viele Stunden damit, die Karten bunt anzumalen. Sie gab die Kärtchen den Leuten, die sie besuchten. Manche Leute waren von ihrem Geschenk so gerührt, dass diese Karten um die Welt gingen. Selbst der Papst und Mutter Theresa erhielten eine. Der Text wurde auch vertont.

Wendy hat wirklich viele Menschen in Rührung versetzt. Ich las Wendys Botschaft auf ihrem Begräbnis 1990 vor, acht Jahre, nachdem man sie zum Sterben nach Hause geschickt hatte.

Ich lade dich ein, das bittersüße Pochen deines Herzens zu fühlen. Du bist mit deiner Traurigkeit gegenwärtig, aber auch mit der Liebe, die in dich hineinfließt. Öffne dich ihrer Wärme, öffne dich der Zärtlichkeit.

Folge ihr nach innen zu dem Punkt, an dem die Trauer am stärksten ist. Vielleicht spürst du, wie sich deine Kehle zuschnürt oder eine andere Stelle im Körper: Es ist nur ein Gefühlsstau. Wenn du darauf achtest, wird er wegschmelzen, vielleicht in Tränen.

Jetzt versuche, das Gefühl noch stärker zu empfinden. Ergib dich diesem Gefühl und lass dich ohne Widerstand darin fallen.

Lass das Gefühl noch intensiver wirken. Gehe dem Ursprung des Gefühls nach ...

Lass Erinnerungen aufsteigen und sich ausbreiten, während du noch stärker empfindest. Sieh dein Herz als dein Ziel an: Finde mit Mut und Ausdauer zu dir selbst zurück.

Die Engel im Himmel halten dich, dankbar für deine Bereitschaft. Du wirst mehr geliebt, als du dir jemals vorstellen konntest. Lass zu, es jetzt zu fühlen. Du wirst geliebt. Du wirst geliebt, und Liebe ist alles.

Elias

Durch das »Support Center« lernte ich eine Familie aus Hawaii kennen, deren Gläubigkeit mich faszinierte. Ihre Religion war so wirklich für sie und so sehr Zentrum ihres Daseins, dass sie immer zu Gott aufblickten, egal, was im Leben geschah.

Sie waren Mitglieder einer fundamentalistischen christlichen Gemeinde, die sonntags den ganzen Tag bis zum Abend zusammenkam sowie mittwochabends. Die Familienmitglieder trugen alle Namen aus dem Alten Testament. Ihre Religion war die Basis ihrer eigenen Identität.

Das mittlere Kind, Elias, sieben Jahre alt, hatte Krebs. Als die Familie zum ersten Mal ins »Support Center« kam, war Elias' Körper schon stark angegriffen. Elias war zwar lebhaft und aufgeweckt, aber an den Rollstuhl gefesselt. Die Familie nahm an den Zusammenkünften im Center gewissenhaft teil und war anderen Familien gegenüber sehr hilfsbereit. Elias' körperliche Kraft schwand indessen immer stärker. Sein Gewicht sank von 62 Pfund auf 24 Pfund bei seinem Tod.

In den letzten Monaten seines Lebens hatte Elias jene spirituellen Erfahrungen, die Sterbende oft haben, für die andere Dimensionen leichter zugänglich werden. Zum Beispiel sah er den Geist seiner Schwester, die das Zimmer mit ihm teilte, aus deren Körper aufsteigen, wenn sie abends schlafen ging, und sich mit ihren Spielsachen beschäftigen. Am Anfang erschrak Elias darüber, aber er gewöhnte sich daran.

Später hatte er Visionen von Jesus. Jesus kam in sein Zimmer und erklärte ihm, dass er ihn bald in den Himmel mitnehme.

Diese Erfahrungen ängstigten Elias zunächst, aber bald entzückten sie ihn, und er erzählte seinen Eltern von diesen Begegnungen. Für seine Eltern, die Jesus so sehr liebten und auf ihn vertrauten, war es wunderbar und schrecklich zugleich, dies zu hören. Sie waren glücklich, dass Elias den Trost dieser Erscheinungen Jesu hatte, aber der Vater fragte: »Mein Sohn, hättest du Jesus nicht fragen können, ob er vielleicht sein Vorhaben ändert und dir noch etwas Zeit lässt, bei uns zu bleiben?« Elias lächelte: »Nein, Vater, nein ...«

Sein Tod nahte bald. Während der letzten Stunden seines Lebens versammelten sich Familienangehörige und Freunde bei ihm zu Hause. Als er still dalag und fast nichts mehr außer seinen Augen bewegen konnte, sah er plötzlich zur Tür. Seine Augen wurden immer größer, und sein bleiches Gesicht strahlte vor Glück.

Er konnte niemandem sagen, was er sah, weil er nicht mehr sprechen konnte. Seine Eltern sahen nichts, aber sie fragten Elias: »Siehst du Jesus kommen?«

Elias nickte und lächelte. Ja, er konnte Ihn sehen. Und Elias schloss die Augen und starb.

Was mich am meisten beeindruckte, war sein Begräbnis. So etwas hatte ich vorher nie erlebt. Wenn ein Angehöriger dieser Religion stirbt, stellt die Beerdigung alle anderen Begräbnisfeiern in den Schatten. Die Gemeinde bleibt den ganzen Tag in der Kirche und versammelt sich anschließend zu einem großen Fest. Sie *feiern* den Tod richtig.

Für mich war es das erste Mal, dass ich in einer solchen Kirche war. Es war wirklich ein Erlebnis. Sobald der Priester oder irgendjemand anderes etwas sagt, wird er nach ein paar Worten unterbrochen, und alle Gemeindemitglieder rufen »Amen!« oder »Preise Gott«, »Halleluja« oder »Danke, Jesus!«

Sie riefen das mit solcher Begeisterung, als könnten sie sich vor Glück und Freude nicht bremsen. Es war, als breche es geradezu aus ihnen heraus. Ich war bisher nie mit Leuten zusammen, die alles im Leben so feierten wie diese Menschen. Sie priesen wirklich alles, was geschah, ohne Unterschied.

Ich werde den Priester, der gesprochen hat, nie vergessen. Es war ein alter, aber lebhafter Hawaiianer. Seine Ansprache klang etwa so:

»Als ich Elias zum letzten Mal sah … Preiset Gott! … war es hier in der Kirche … Preiset den Herrn! … Ich sah ihn auf der anderen Seite des Kirchplatzes … Preiset Gott! … und er kam angerannt … Amen!, und dieser Junge rannte geradewegs über meine schön geputzten Schuhe … Preiset Gott! … Das war ein Lausbub … Amen!« Es schwang absolut kein Tadel in seiner Stimme mit. Er wollte nur sagen, wie Elias war. »Er war ein Lausbub!« Das berührte mich tief. Es war so ohne jeden Vorwurf gesagt; ich weiß nicht, wie man es besser hätte formulieren können.

Schließlich war der Gottesdienst zu Ende, und wir gingen hinaus auf den Friedhof. Bevor der Sarg in die Erde hinabgelassen wird, legt man den Blumenkranz, den man um den Hals trägt, darüber, als eine Form der Verabschiedung, als ein Zeichen, »Aloha« zu sagen. Das ist eine unglaublich ergreifende und rührende Geste und eine schöne Art, Abschied zu nehmen. Sie fordert die Menschen, die betroffen sind, auf, loslassen zu können.

Als der Sarg in die Erde versenkt wurde, sangen Elias' Eltern ein hawaiianisches Lied des Friedens und des Abschieds. Es war ein Lied, das Elias sehr gemocht hatte. Der Text bedeutet übersetzt:

Aloha –
  Mögest du Seinen Frieden erfahren.
Aloha –
  Möge Er dich führen und halten.
Sei gläubig,
  sei wahr,
    bis auch wir
      Aloha sagen werden.

Ihre Stimmen waren so stark, so rein, ohne irgendeinen Vorbehalt, ohne Beengtheit. Sie waren völlig klar und offen, in ihrem Herzen und in ihrer Stimme gänzlich ohne Auflehnung gegen das Abschiednehmen.

Es war ein uneingeschränkter Beweis der Liebe und des Vertrauens. Sie vertrauten auf ihren Gott und sein Wirken, als sie sich von ihrem Sohn verabschiedeten. Diese Szene war ergreifend schön.

Die Familie nahm weiterhin an den Treffen im »Support Center« teil. Der Schmerz, mit all den Kindern konfrontiert zu werden, die noch am Leben waren, muss unermesslich gewesen sein, aber sie wollten anderen Familien weiterhin helfen. Sie hatten den Mut und die Kraft gefunden, aus der Menschen leben können, wenn sie darauf vertrauen.

Vertrauen löst alle Probleme. Sei zuversichtlich! Vertraue darauf, deine Gefühle zu entfalten. Glaube an deinen Heilungsprozess. Vertraue auf das Leben, das sich vor dir ausbreitet. Dies alles geschieht, um dich zu belehren, dir zu helfen und dich zu befreien. Es ist wunderbar, ein Mensch zu sein, ein lebender Faden im Teppich der Liebe.

Ein erfreulicher Umschwung

Es ist eine Freude, auf die letzten zwölf Jahre zurückzublicken und die Entwicklung unseres Zentrums zu verfolgen. Es ist eine andere Art der »Sorge« für Kinder, die mit der Angst leben müssen, welche ihre schwere Erkrankung mit sich bringt. Es fordert die Fähigkeit des menschlichen Herzens, Heilung durch die Liebe und die Hilfe für andere zu erfahren.

Im Herzen dieser Kinder und ihrer Familien entstand ein Ort, der das »Zentrum« genannt wurde. Das Zentrum war kein gegenständlicher Ort, es waren Beziehungen. Es waren Feste, die bei Zusammenkünften und gemeinsamen Mahlzeiten gefeiert wurden, bei Geburten, Geburtstagen, Taufen, im Krankenhaus, bei Besuchen zu Hause, ja selbst bei Begräbnissen. Wo auch immer zwei oder mehr Mitglieder des Zentrums, freiwillige Helfer, feste Mitarbeiter oder Leiter, zusammenkamen, herrschte eine von Liebe geprägte, vorurteilsfreie Atmosphäre. Und wo es Liebe in diesem Maß gibt, dort geschehen auch Wunder. Menschen, die sich einsam fühlten und Angst hatten, hatten jetzt eine Familie, die sie wirklich verstand, hatten Menschen, bei denen sie ihr wahres Selbst fanden.

Nachdem unser Programm eingeführt war, fand in den Krankenhäusern ein erfreulicher Umschwung statt. Von jetzt an kannten sich alle Kinder und deren Mütter, besuchten sich gegenseitig, erledigten Besorgungen füreinander, spielten, plauderten und lachten gemeinsam.

Zum ersten Mal konnte man ungewohnte Szenen beobachten, zum Beispiel, wie die vierjährige Erika ihre fahrbare Infusion durch die Gänge rollte auf dem Weg zur Station der älteren Kinder, um ihre Freundin Wendy zu besuchen, die 21 Jahre alt war. Und wenn wir sie zusammen im Zimmer sahen, amüsierten sie sich großartig! Ich freue mich sehr, dass das Zentrum noch besteht, weiter Liebe und Schutz schenkt und diese Idee aufrechterhält.

Die Gelegenheit, im Zentrum zu arbeiten, machte mich reifer und trug zu meiner Entwicklung bei wie keine andere Erfahrung. Die Möglichkeit, Menschen auf der Höhe ihres Mutes, ihrer Güte, ihres Glaubens und Vertrauens zu erleben, war eine unschätzbare Erfahrung.

Neben all den Kindern, deren Geschwistern und Eltern erinnere ich mich an die Einzigartigkeit einiger freiwilliger Mitarbeiter, die das Programm mit mir durchgeführt haben. Ich habe niemals danach eine Gruppe so in Harmonie und gegenseitiger Wertschätzung miteinander arbeiten sehen. Jeder von uns arbeitete dort, weil er lernen und wachsen wollte. Die Liebe zwischen uns zog die Familien, die kamen, in ihren Bann und war der Katalysator für die Freude bei allen Aktivitäten im Zentrum.

Das Geheimnis dieses Prozesses war etwas sehr Einfaches: Wir gingen auf einer horizontalen Ebene miteinander um, als Gleichberechtigte. Ich war die Leiterin, weil irgendjemand diesen Posten haben musste, aber unsere Fähigkeit, uns als

»gleich« anzusehen und diese Gleichheit auf die Kinder und deren Familien zu übertragen, war es, die die Wunder der Liebe geschehen ließ. Niemand war »krank«, niemand hatte die falsche Hautfarbe oder war zu klein, zu alt oder zu andersartig. Wir liebten uns alle.

Dr. Jerry Jampolsky, der Begründer des kalifornischen Zentrums für geistige Heilung (der erste, der solche Programme für Kinder mit lebensbedrohlichen Krankheiten entwickelte), nahm an einem unserer Treffen teil. Er staunte über das Ausmaß der Liebe, die er sehen und fühlen konnte. »Wo haben Sie diese Mitarbeiter gefunden?«, fragte er mich. Der entscheidende Faktor war, dass die Mitarbeiter ihr Herz entdeckt hatten.

Meine Arbeit mit den Familien im »Support Center« heilte meine gestörte Fähigkeit zu fühlen. Mein Herz war wieder lebendig! Ich erlebte Höhepunkte der Inspiration, und ich konnte große Tiefen der Traurigkeit und Depressionen durchstehen. Ich LEBTE, wie ich nie zuvor gelebt hatte, zumindest viele, viele Jahre lang nicht.

Eine Menge Dinge, die ich jetzt lehre, sind Dinge, die ich von den Menschen im »Support Center« gelernt habe. Menschen von Malaysia bis in die Schweiz haben vor Dankbarkeit über das geweint, was sie von Arthur, John, Shannon, Lisa, Wendy, Elias und anderen gehört haben.

Sie bedeuten uns immer noch etwas und helfen uns. Sie füllen unser Herz und unsere Seele immer noch mit Schönheit und Weisheit. Schließlich befinden wir uns immer noch in dieser Liebesbeziehung und nehmen immer noch an diesem Fest teil.

Du kannst dich zu einem freudvollen Menschen entwickeln, wenn du die Segnungen wahrnimmst, die mit jeder Beziehung in dein Leben treten.

Liebe kann bei jeder sich bietenden Gelegenheit, bei jeder Begegnung, in jedem Augenblick empfunden werden.

Verliebt

Ein Jahr, nachdem ich Chuck kennengelernt hatte, begann unsere Beziehung. Er kam zum zweiten Mal nach Hawaii, um ein Seminar zu halten. Er war die unabhängigste Natur, die man sich vorstellen konnte. Er war dafür bekannt, ein halbes Dutzend Verhältnisse gleichzeitig zu haben, am liebsten in verschiedenen Anlaufhäfen.

Er fürchtete sich so vor einer Bindung, dass er das Wort »Heirat« nicht einmal aussprechen konnte. Er war ein echter Schürzenjäger und unheimlich attraktiv. Er machte mir klar, wenn ich ein Verhältnis mit ihm haben wolle, hätte ich seine Spielregeln zu akzeptieren – er könne keine Verantwortung dafür übernehmen, mich nicht zu verletzen (offenbar hatte er schon so viel Schuld damit auf sich geladen, Herzen zu brechen, dass er nicht mehr verkraften konnte).

Ich wusste, dass ich meinen »Traummann«, den idealen Ehemann, gefunden hatte. Leider dachten die anderen Frauen das gleiche über ihn, und er war entschlossen, sich nicht einfangen zu lassen.

Ich unterstützte weiterhin Chucks Seminare, sodass er alle paar Monate nach Hawaii kam. Jedes Mal, wenn er kam, versuchten wir einen Ausflug auf eine Nachbarinsel einzuplanen, und es gelang uns sogar, romantische Zusammenkünfte auf Tahiti und in Cabo San Lucas, Mexiko, zu arrangieren.

Wenn Chuck in Honolulu war, liefen wir von meiner Wohnung am Hang des Diamond Head durch den Kapiolani-Park zum schönen Strand von San Souci, um dort die Sonne zu genießen und uns zu entspannen. An einem schönen, milden Nachmittag, als wir auf dem Nachhauseweg durch den Park waren, wurden wir Zeugen eines erstaunlichen Phänomens.

Obwohl keine Wolke am Himmel über uns war, lag ein Dunstschleier in der Luft, der offenbar von den Wolken über den Bergen kam. Genau vor uns sahen wir einen kleinen Regenbogen. Normalerweise verschwindet ein Regenbogen, wenn man darauf zugeht, aber dieser kleine Regenbogen blieb sichtbar.

Wir bewunderten ihn, als wir darunter hindurchliefen, und drehten uns um, um zu sehen, wie er sich auflöste – aber er blieb! Er blieb am gleichen Fleck und leuchtete in den hellsten Farben, obwohl die Sonne jetzt hinter dem Regenbogen stand – das widersprach allen Gesetzen der Physik! Er blieb fröhlich an seinem Platz, während wir zwanzig Meter weitergingen.

Obwohl wir unsere Überraschung und unser Entzücken über dieses unerklärliche Wunder zum Ausdruck gebracht hatten, sprachen wir wenig miteinander, als wir weiterliefen. Jeder von uns hielt dieses Erlebnis im Herzen fest. Jeder von uns verstand es als ein Omen, das für unsere Zukunft etwas Goldenes und Magisches versprach und »Verbundenheit« voraussagte.

Eines Morgens, während Chuck zu Besuch war, hatte ich mein elementarstes sexuelles Erlebnis. Wir waren gerade von einem Frühstückstreffen in einem Club zurückgekehrt, in dem Chuck gesprochen hatte. Sein Vortrag war besonders anregend, seine Ausstrahlung ließ meinen Atem stocken. Als wir nach Hause kamen, liebten wir uns.

In mir geschah etwas, das vorher nie geschehen war. Ich glaube, es geschah, weil ich in einem solchen Zustand der Inspiration und der Liebe war, dass ein spontaner Ausdruck tief aus meinem Inneren emporstieg, während wir uns liebten. Das Wort, das von mir Besitz ergriff und meine Gedanken füllte, war »willkommen«. WILLKOMMEN!

Nie zuvor hatte ich jemanden so aufgenommen. Es war eine seelische, körperliche, geistige und sexuelle Erfahrung. Ich hieß Chuck ohne Einschränkung in mir willkommen, ohne Bedauern, ohne den geringsten Wunsch nach Trennung. Während unseres körperlichen und seelischen Zusammenseins war ich völlig weich, entspannt, einladend und aufnehmend. Es war ein verklärendes, großartiges Erlebnis.

Dann hatte ich eine Vision. Ich sah nicht mehr Chuck, sondern stattdessen einen großen, gebogenen Licht- oder Materiestrahl, der sich von mir ausgehend bis zur Unendlichkeit zog. Wo er mit mir verbunden war, war er schmal. Aber als ich aufschaute, breitete sich der Strahl, der aus hell glänzendem Gold und rosa Wolken zu bestehen schien, über mir aus und füllte den Horizont.

Ich wusste, er nahm kein Ende. Ich wusste, ich schaute in die Ewigkeit. Und ich wusste auch, dass ich in Gottes Antlitz schaute, weil dieses LICHT zu mir zurückblickte!

Obwohl ich keine Augen erkennen konnte, wusste ich, dass ich gesehen werde und dass Gott mich kannte und liebte. Der vielleicht tiefste Eindruck dieser Erfahrung war, dass dieser große Geist mich mit unglaublich viel Humor betrachtete und liebend, mit Sympathie und Freude, in mich hineinlachte.

Hier war nicht nur etwas, das ich sicherlich als Gott bezeichnen könnte (und das allen klassischen Beschreibungen entspräche, wie allmächtig, allwissend und allgegenwärtig), sondern es war ein Gott, der mich persönlich kannte, der absolut alles über mich wusste und dachte, alles im Zusammenhang mit mir sei äußerst erheiternd!

Der unglaublichste Teil dieser Vision war, dass dieses Göttliche mitten in mich hineinführte. In Wirklichkeit war ich das Göttliche. Ich schien ein kleiner Teil dieses Glanzes zu sein, so, als wäre ich als Mensch ein Ausdruck der Grenze Gottes.

Entrückt gab ich mich der Herrlichkeit dieser Vision eine Weile hin ... waren es drei Sekunden? Drei Minuten? Das konnte ich unmöglich einschätzen. Dann endete die Vision in Ekstase, und ich fing an zu weinen. Ich weinte vor Ergriffenheit, und ich beweinte den Verlust der Vision. Chuck hielt mich fest, während ich lange Zeit weinte.

Die Freude, die aus der Vereinigung mit dem Göttlichen kommt, ist größer, als du dir vorstellen kannst. Deine Fähigkeit, Gott zu finden, hängt von deiner Bereitschaft ab, das Schöne in den Menschen um dich herum zu sehen. In deiner wachsenden Fähigkeit, die himmlische Liebe wahrzunehmen, spiegelt sich dein eigener Wert wider.

Wie der Duft von Maile-Blättern

In jedem Leben gibt es erstaunliche Ereignisse. 1983 wurde ich mit einer unglaublichen Erfahrung gesegnet, die vielleicht den Höhepunkt meines bisherigen Lebens darstellt. Ich lebte eine Woche lang auf einer höheren Bewusstseinsstufe, in der Erleuchtung, könnte man sagen. Es ist unmöglich, zu beschreiben, welche Art von Erfahrung dies war, aber es waren drei Dinge damit verknüpft, die ich zu beschreiben versuche.

Das erste war die Erfahrung, den Augenblick auf einer höheren Bewusstseinsebene wahrzunehmen. Es war eine »gedankenfreie« Wahrnehmung, bei der mein Geist noch denken konnte, aber von meinen gewöhnlichen Alltagsgedanken völlig befreit war. Mein Geist war entspannt, ruhig, unbelastet und voller Frieden; es war eine erstaunliche Erleichterung!

Mein Bewusstsein konzentrierte sich auf zwei Dinge. Das erste war die Wahrnehmung einer goldenen Säule des Geistes, die durch meinen Kopf mitten in mich hineindrang. Aus ihr kam eine Stimme.

Immer, wenn ich etwas wissen wollte, antwortete die Stimme. Ich hatte das Gefühl, sie hatte freien Zugang zu allen Informationen und der gesamten Weisheit des Universums. Es war zutiefst erfüllend, so mit dem Göttlichen vereint zu sein.

Die zweite Wahrnehmung war die meines Herzens. Es produzierte eine immerwährende zarte Süße, die an den Duft von Maile-Blättern erinnerte. (Maile-Blätter werden zum Herstellen der kostbarsten aller hawaiianischen Blumenkränze verwendet.)

Ich verbrachte meine Tage damit, den Duft in meinem Herzen zu fühlen und mich mit der Stimme Gottes zu unterhalten. Es war der Himmel auf Erden. Ich konnte laufen, sprechen, arbeiten und die täglichen Dinge des Lebens erledigen, aber ich war frei von jeder gedanklichen Sorge. Ich ließ mich in diesem schönen Gefühl ganz treiben.

Drei Begebenheiten führten zu diesem wunderbaren Zustand. Die erste war Chucks und meine geistige Vereinigung zu einem gemeinsamen Ziel. Wir lasen eine sehr aussagekräftige Stelle im Buch *Ein Kurs in Wundern:*

Der Friede Gottes ist alles, was ich will.
Der Friede Gottes ist mein einziges Ziel,
das Ziel meines irdischen Lebens,
das Ende, das ich suche,
mein Zweck, meine Bestimmung und mein Leben,
während ich bleibe, wo ich nicht zu Hause bin.

Wir wussten, dass es das war, was wir beide wollten; wir wollten, dass unsere Beziehung eine heilige Verbindung werde. Wir wünschten eine Beziehung, die über gemeinsame Bedürfnisse und das »Besondere« hinausgeht, die wahre Liebe und Ganzheit schafft, die uns den Weg nach Hause zu Gott weist.

Wir hielten uns an den Händen und sahen uns in die Augen, baten den Himmel um Hilfe und gaben uns dieses Versprechen. Es scheint einige interessante Wirkungen gehabt zu haben.

Die zweite Begebenheit war etwas, das eine Freundin ein paar Abende vor meinem Zustand der Erleuchtung zu mir sagte. Chuck und ich waren bei ihr und ihrem Mann zum Essen eingeladen, und als ich mit ihr nach dem Essen die Küche aufräumte, klagte ich bei ihr darüber, wie schwer es sei, Chuck mit anderen Frauen teilen zu müssen.

Nachdem sie mir zugehört hatte, lachte meine Freundin und sagte: »Der einzige Ausweg aus dieser Situation ist offensichtlich eine Heilung! Du wolltest dein Ego doch sowieso heilen, oder nicht? Nutze jetzt diese Gelegenheit dazu!«

Ihre Worte trafen mich. Natürlich hatte sie recht, ich wollte mein Ego heilen! Als Chuck und ich zu mir nach Hause fuhren, versprach ich ihm etwas.

Ich wollte für immer als Freund mit ihm verbunden sein, unabhängig davon, welche Form unsere Beziehung annehme. Ich wollte ihn immer lieben, ob er nun mein Liebhaber war oder nicht. Nur meine Unterstützung seiner Arbeit war wirklich wichtig. Ich fühlte eine Veränderung in der Art, Chuck zu sehen, die sehr befreiend war.

Die dritte Begebenheit geschah zwei Tage später während des Workshops, den Chuck leitete. Eine Teilnehmerin meldete sich und sprach von einem ernsten Problem, das sie schon fast ein Leben lang habe.

Statt das Problem dieser Frau mit einer seiner Erfolgsmethoden anzugehen, behauptete Chuck intuitiv, ich hätte eine Antwort für sie. Er schlug vor, ich solle Verbindung zu meinem höheren Selbst aufnehmen, um zu erfahren, was zu tun sei.

Ich hatte so etwas vorher noch nie gemacht, aber mein Vertrauen in Chuck war so groß, dass ich leicht in einen Zustand der Meditation fiel und erfüllte, worum er mich bat. Bald beschrieb ich mit meinem Einfühlungsvermögen das bisherige Leben dieser Frau. Es war eine schmerzhafte Geschichte, und während ich sprach, begann die Frau hemmungslos zu schluchzen.

Dann spürte ich plötzlich eine Kraft und Freude, die mich fragen ließ, ob ich ihr das Problem abnehmen solle. »Ja!«, rief sie. »Ganz sicher?« »Ja!«, antwortete sie.

Ich ging auf sie zu, streckte meinen Arm aus und zog etwas oberhalb ihrer Brust aus ihr heraus, das nicht physisch greifbar, aber deutlich spürbar war, und warf es von uns weg. Sie schrie auf, als ich das tat, und rief den anderen zu: »Es ist wahr, es ist wahr! Es ist wirklich passiert! Es ist Wirklichkeit!« Ich sagte den anderen Teilnehmern, sie sollten sich um die Frau herumstellen und sie mit ihren Händen berühren. Als wir das taten, spürte ich, wie sich mein meditativer Zustand zum Zustand der Erleuchtung vertiefte, wie ich es vorher beschrieben habe.

Ich befand mich in einem höchst erstaunlichen Zustand des Friedens. Ich glaubte, ich müsse mich absolut ruhig verhalten, um in diesem Zustand bleiben zu können. Ich konnte mir nicht vorstellen, meinen Körper zu bewegen und gleichzeitig dieses Gefühl zu erhalten. Schließlich jedoch merkte ich, dass ich mich nicht nur bewegen, sondern auch stehen, laufen und sogar reden konnte, ohne dass sich dieser Zustand änderte. Das war einfach wunderbar! Alles sah von dieser Warte anders aus.

Ich erinnere mich, Chuck gesagt zu haben, er könne viele Frauen haben, wenn sie ihn glücklich machten! Ich musste ihn nicht alleine besitzen, ich hielt ihn nicht fest; ich fühlte mich in diesem Zustand des Glücks so erfüllt, dass ich Chuck nicht mehr ändern oder kontrollieren wollte. Ich liebte ihn mehr als zuvor. Ich war aufgeschlossener. Auch unsere körperliche Beziehung war einfach großartig. Ich erlebte eine Partnerschaft, die alles überstieg, was ich mir jemals vorgestellt hatte, eine heilige Verbindung.

Gegen Ende der Woche ließ dieser Zustand der Erleuchtung zeitweise nach. Ich entdeckte mich dabei, wie ich wieder anfing nachzudenken. Wenn das geschah, erinnerte ich mich daran, die Stimme der Eingebung den Tag planen und für mich nachdenken zu lassen, während ich mich ganz auf die süße Erfüllung in meinem Herzen konzentrierte. Ich merkte, wie sehr das Leben von dieser einfachen Entscheidung abhängt, daran zu denken, dass Gott die Dinge lenkt, während wir uns auf die Liebe im Leben konzentrieren sollen. Und ich spürte, wie leicht es ist, die Liebe zu fühlen – wir müssen nur die Bereitschaft mitbringen, unser Bewusstsein dorthin zu lenken, wo wir Liebe erfahren können.

Danach stellte ich bei einem Telefongespräch mit Chuck, der wieder auf dem Festland war, unglücklicherweise fest, dass er meiner freizügigen Art, ihn zu behandeln, auf Dauer nicht traute. Es war schwierig für ihn, an die Vision zu glauben, die ich von unserer Partnerschaft hatte. Angesichts seiner Vergangenheit war das verständlich, aber für mich war es enttäuschend. Wenn Chuck nicht hier mit mir zusammen sein konnte, sagte die Versuchung, sollte ich ihm lieber nachreisen!

Und dann stürzte ich; es war ein langer, quälender Sturz in Dunkelheit und Schmerz, ein Fall wie der erste Fall und all die anderen Abstürze, die ich in meinem Leben bisher erlitten hatte. Sie waren alle schlimm gewesen, aber dieser war einer der schmerzhaftesten, weil ich von so hoch herabstürzte und viel tiefer fiel als dorthin, wo ich eine Woche zuvor begonnen hatte.

Es war schrecklich, den mühsamen und langwierigen Aufstieg wieder zu beginnen, weil ich mich so beengt und voller Egoismus fühlte und wusste, wie viel Anstrengung nötig sein würde, mich selbst wiederzufinden.

Ich war verzweifelt, aber ich hatte immerhin gelernt, was vor uns liegen kann, wenn wir bereit sind, unsere Herzen zu öffnen. Ich kannte die Richtung, in der unser Glück lag, und ich fing an, den Weg dorthin noch einmal zu gehen.

Jeder von uns sucht nach Gott, ob blind oder mit immerwährendem Verlangen und Bemühen.

Lass dich nicht davon abbringen. Der Zweck des Daseins ist die Einkehr in den Himmel.

Wage es, alles zu fühlen!

Obwohl ich die Verbindung zum »Support Center« aufrechterhielt, indem ich im Direktorium blieb, beendete ich meine Arbeit dort, um Ausbilderin an der Schule für Transformation zu werden, die Chuck zusammen mit einer Psychologin und mir gründete.

Chuck zog nach Hawaii, und wir beide mieteten ein Haus in einer hübschen Wohngegend, die aus einer Bananenplantage in Windward auf Oahu entstanden war. Der üppige Baumbestand und die tropischen Gärten, umgeben von den steilen Hängen des Koolau-Gebirges mit plätschernden Gebirgsbächen, entsprachen meiner Vorstellung vom Paradies. Wenn es regnete, konnten wir sechs Wasserfälle sehen, die sich ihren Weg ins Tal bahnten, und nachts war der Himmel sternenbedeckt.

Zu dieser Zeit geschah etwas Interessantes. Mein Herz wurde von einer neuen Gabe erfüllt.

Chuck hatte viel zu tun. Neben seiner Lehrtätigkeit an der Schule für Transformation wurde er ausgewählt, Pfarrer in der Unionistengemeinde von Windward zu werden (die Gemeindemitglieder liebten Chuck so, dass sie ihn ernannt hatten). Außerdem setzte er seine internationale Arbeit als Seminarleiter fort.

In der Kirchengemeinde war ich in der undankbaren Rolle, die feste Freundin des Pfarrers zu sein. Das war eine unbequeme Rolle für mich, nicht wegen irgendwelcher Herablassungen oder Verurteilungen (dazu war die Gemeinde zu modern), sondern weil so viele Gemeindemitglieder ein heimliches oder nicht so heimliches Auge auf Chuck warfen ...

Weil ich nur die Geliebte des Pfarrers war, kam es nicht in Frage, dass ich nach den Gottesdiensten neben Chuck Hände schüttelte und Umarmungen entgegennahm. Nach den ersten paar Monaten bemerkte ich allerdings, dass die Gemeindemitglieder eine eigene Empfangsreihe draußen am Tisch mit Erfrischungen entstehen ließen.

Jede Woche stellten sich die Leute in einer langen Schlange an und warteten geduldig darauf, von mir umarmt zu werden. Während ich jeden einzelnen von ihnen in die Arme nahm, fühlte ich etwas, manchmal Traurigkeit, manchmal Verletztheit oder Scham. Oft weinten die andere Person oder ich oder wir beide kurz, bis wir uns glücklich fühlten. Dann bedankte sich mein Gegenüber und sagte frohgelaunt: »Ich brauchte halt meine Umarmung!«, oder: »Ich möchte auf ein wöchentliches Umarmtwerden nicht verzichten!« Es war ein seltsames Phänomen, das sogar ein bisschen verlegen machte. Was geschah?

Es schien, als entwickelte ich die Fähigkeit, zu fühlen, was andere Menschen gerade empfinden. Zunächst war ich dadurch äußerst verwirrt, weil die Leute manchmal Gefühle abstritten, die ich in ihnen erspürt hatte.

Zum Beispiel trafen Chuck und ich eines Tages eine Freundin in einem Lokal. Sie teilte uns mit, dass sie ihr Haus gerade verkauft habe und in eine Eigentumswohnung ziehe. Während sie sprach, fühlte ich eine erschreckende Woge der Traurigkeit und des Verlustes. Ich erwiderte ihr, es müsse sehr traurig für sie sein, ihr Traumhaus zu verlassen. Sie antwortete: »Unsinn, ich fühle überhaupt nichts dergleichen. Das Haus war sehr reparaturbedürftig, und das Leben in der Wohnung wird viel einfacher sein.«

Während sie sprach, spürte ich den Schmerz. Ich war völlig verwirrt und sprach mit Chuck darüber, als wir das Restaurant verließen. »Willst du mich auf den Arm nehmen?«, sagte er. »Merkst du nicht, wie sehr sie ihre Gefühle verleugnet? Ich an deiner Stelle würde meine Erfahrung nicht anzweifeln, nur weil jemand behauptet, etwas anderes zu empfinden.«

Und so beobachtete ich dieses Phänomen weiter. Als meine Erfahrung darin wuchs, kam ich zu der Schlussfolgerung, dass ich wirklich, zumindest gelegentlich, fühlen konnte, was andere fühlten. Ich wusste nur nicht, ob das eine gute oder eine schlechte Sache war.

Ich dachte ernsthaft über diese Frage nach. Diese Fähigkeit des Fühlens schien immer dann vorhanden zu sein, wenn ich mich in andere *hineinversetzte*, wenn ich mich um sie und um das, was sie fühlten, wirklich kümmerte. Diese Ereignisse und Verbindungen schienen Gutes zu bewirken. Den Leuten wurde geholfen, weil Heilung das Ergebnis einer solchen Begegnung war.

Aber ich fragte mich, was aus *mir* werde, wenn ich weiterhin all diese Gefühle mitempfinden sollte. Würde dieses »Einswerden« mit anderen Menschen meinen Körper oder meine Seele in gewisser Weise zerstören? Wenn ich mich ganz gehen ließe, alle Vorsicht über Bord würfe und alles erfühlte, was ich fühlen konnte, würde ich dann den Verstand verlieren? Würde ich sterben?

Ich hatte Angst. In der Fachliteratur konnte ich keinen Hinweis auf diese Art der Arbeit finden. Ich konnte keine Unterweisung oder einen geistigen Weg zum Empfinden von Gefühlen anderer finden – ich weiß nicht, ob zu dieser Zeit irgendetwas darüber veröffentlicht war. Aber mein Herz sagte mir, dass ich auf *meinem* Weg war und dass ich ihn gehen musste.

Die Tatsache, dass ich Chuck kannte, half mir schließlich, eine Entscheidung zu treffen. Ich sagte mir, dass Chuck fähig ist, mich zu finden und zurückzubringen, wenn ich mich den Tiefen des Gefühls hingeben und mich darin verlieren sollte.

So entschloss ich mich, alles zu fühlen, was ich fühlen konnte, ob es allein meine Empfindung war oder eine Erfahrung, die ich mit jemand anderem teilte. Tief im Inneren glaubte ich, dass es mir ebenso nütze wie jedem, dem ich damit zu helfen schien.

Ich entwickelte eine private Therapiemethode, mit der ich meine Patienten nicht nur beriet, sondern mich mit ihnen seelisch vereinigte, um emotionale Heilung zu erreichen. Im Bewusstsein, wiederhergestellt zu sein, lösten sie Beziehungsprobleme und gesundheitliche Schwierigkeiten und befreiten sich von alten, immer wieder auftretenden Nöten.

Ich begann, mit Chuck, der mein Konzept und meine Methoden übernahm, Seminare zu halten, und ich lernte, mit den Herzen und den Sinnen einer ganzen Gruppe von Leuten gleichzeitig zu arbeiten. Es schien, als sei durch meine empathische Bereitschaft, den Schmerz anderer zu fühlen, auch mein alter Schmerz freigesetzt.

Ich entdeckte, dass es keine Abgründe des Gefühls gab, sondern nur »Gefäße« voller Gefühle, die ausgegossen werden konnten. Es war ungefährlich, sich gehen zu lassen und so schnell wie möglich die Skala der Gefühle zu durchlaufen, so dass man schnell ans Ende gelangte.

An einer Stelle befragte ich klugerweise mein höheres Selbst. Weil ich feststellte, dass alles, was in meinem Leben geschah, passierte, um mich wachsen zu lassen, mich zu mir selbst zu bringen und verleugnete und vergrabene Stellen meines Bewusstseins aufzudecken, schlug ich einen Kompromiss vor: Wenn ich bereit wäre, alles zu fühlen, was ich in mir selbst und in den Menschen, die zu mir kommen, fühlen könnte, würde mein höheres Selbst oder wer auch immer die Verantwortung übernähme, die richtigen Klienten zu mir schicken, um mich *selbst* zu heilen? Könnten Menschen, die an altem Schmerz litten wie ich, mit ihren Problemen zu mir kommen, sodass ich ihre Probleme und ihre Traumata nutzen könnte, mit meinen alten Empfindungen wieder in Berührung zu kommen? Wir könnten gemeinsam geheilt werden, und es wäre für mich nicht mehr so schwierig, meine eigenen Probleme zu bewältigen.

Offensichtlich stimmte mein höheres Selbst zu. Von da an wurde das Leben für mich wesentlich leichter.

Ich wurde für meine Bereitschaft zu fühlen belohnt. Als diese Fähigkeit des empathischen Heilens reifte, lernte ich, mich mit anderen zu vereinigen und den Schmerz anzunehmen, ohne alle Gefühle durch meinen eigenen Körper strömen lassen zu müssen. Ich entwickelte subtilere, geschicktere und hilfreichere Wege.

Nimm jeden Tag als Aufruf zum Mitfühlen an. Sei wach für die Bedürfnisse der Menschen um dich herum. Widme dich mit wachsendem Engagement der Aufgabe, die Vereinzelung zu heilen.

Wir leben als Gemeinschaft ... wenn du deine Fähigkeit nutzt, die Bedingungen in Teilen deines Lebens zu verbessern, ist das ganze Leben gesegnet.

Die Tagung

Als ich anfing, mit meinen empathischen Fähigkeiten zu experimentieren, hatte ich ein Erlebnis, bei dem ich sagen konnte, ich sei mir meiner eigenen Kraft nicht bewusst gewesen. Chuck und ich übernahmen die Schirmherrschaft für eine Tagung auf Hawaii, die in Verbindung mit der jährlichen internationalen Konferenz für die Einheit der Menschheit stattfand. Wir luden Redner aus Hawaii und Kalifornien ein, die im Plenum sprechen und/oder Arbeitsgruppen leiten sollten, aus denen die Teilnehmer eine Auswahl treffen konnten.

Die Tagung lief wunderbar an. Das Wochenende war ein Fest voller Inspiration, Liebe und Humor. Chuck war so offen für Gefühle, dass er während seines ganzen Vortrags weinte. Auch unser Freund Terry McBride war in Hochform. Die Workshops waren anregend, alles lief prima.

Am letzten Tag hatten wir noch etwas Zeit übrig, die man mir zur Verfügung stellte, um zu machen, was ich mochte. Meiner Ansicht nach waren ein paar sehr wertvolle Menschen da, die möglichst die ganze Gruppe kennenlernen sollte.

Ich glaubte, es sei für jeden von uns ein Erlebnis, wenn diese Menschen der ganzen Gruppe etwas schenken könnten.

Ich dachte an ein paar Leute aus dem Publikum, die ich auf die Bühne holen und mit denen ich mich unterhalten wollte, um so, hoffentlich, ein »Happening« zu veranstalten.

Ich hatte erst vor kurzem die Fähigkeit erworben, mich mit anderen zu verbinden. Ich wusste nicht genau, was passierte, wenn ich mein Herz mit jemandem vereinigte, während wir auf der Bühne waren, aber ich stellte mir vor, dass etwas Gutes dabei herauskomme.

Ich hatte gehört, dass ein Mann, ein holistischer Zahnarzt aus Kalifornien, es recht schwer hatte. Er hatte sich oft aufgeregt und beschwert. Ich fühlte, dass es ein wunderbarer Mann war, der gute Arbeit leistete, aber noch etwas Unterstützung und Anerkennung nötig hatte.

Ich stand auf und sagte an, dass ein paar Leute anwesend seien, die ich auf die Bühne holen wolle, um jedem die Möglichkeit zu geben, sie kennenzulernen. Als ich den Namen des Zahnarztes nannte, war er völlig schockiert. Er konnte nicht glauben, was ich gesagt hatte. Mit verwirrtem Blick stand er auf und kam auf die Bühne, während alle anderen applaudierten. Ich bot ihm einen Platz an und sagte: »Wir möchten dich kennenlernen. Wir möchten mehr über dich und deine wunderbare Arbeit erfahren. Was kannst du uns über dich erzählen!«

Und dann schloss ich die Verbindung mit ihm. Innerhalb kürzester Zeit brach er in Tränen aus. Er sagte: »Ich habe mich die ganze Zeit über im Recht, aber so alleine gefühlt. Ich habe jeden angegriffen. Ich bin extra aus Kalifornien gekommen, aber niemand hat mich zur Kenntnis genommen. Niemand hat mir Beifall gespendet, und niemand hat erkannt, dass ich zur ganzen Gruppe sprechen wollte. Seit ich hier bin, habe ich mich klein und unbedeutend gefühlt und bei allen, mit denen ich Kontakt hatte, schlechte Laune verbreitet.«

Er sagte das alles unter einem Strom von Tränen. Er hatte sich geöffnet und sein innerstes, verborgenes, schändliches Wesen bloßgelegt. Er weinte vor Freude, erkannt zu sein und geliebt zu werden, obwohl er seit seiner Ankunft hier nichts geliebt hatte.

Dann erzählte er uns eine kleine Geschichte: »Als ich die Einladung erhielt, als Aktiver an dieser Tagung teilzunehmen, konnte ich mich nicht entschließen zu kommen. Da es kein Angebot gab, meine Auslagen zu übernehmen, war ich mir nicht sicher, ob es sich lohnte zu kommen oder nicht.

Schließlich entschied ich mich teilzunehmen, wenn ich nur einem einzigen Menschen helfen könnte, und ich meldete mich an. Zu dieser Zeit hatte ich keine Ahnung, dass dieser eine Mensch, dem ich helfen würde, ich selbst sein werde!«

Er half in der Tat allen von uns. Für mich und viele andere war dies das krönende Erlebnis der ganzen Tagung. Sobald jemand geheilt wird, wird er nicht alleine geheilt.

Jeder Mensch sucht nach einem eigenen Weg der Entwicklung im Leben und ist stark gelenkt durch die Fehler, die man auf diesem Weg macht. Irrtümer lehren dich und bringen dich mit großen Schritten voran, wenn du dich nicht dagegen wehrst.

Erkenne und akzeptiere deine Fehler, sodass du mit Leichtigkeit durch dein Abenteuer voranschreitest!

Kleine Taten der Liebe

Wäre es nicht wunderbar, die Wirkung unseres Tuns auf die Menschen in unserer Umgebung sehen zu können? Manchmal wären wir wohl verärgert über das, was wir bewirkt haben. In vielen anderen Fällen wären wir tief bewegt, die Wirkung selbst kleinster Gefälligkeiten zu sehen.

Ich erinnere mich an meinen ersten Workshop über metaphysisches Heilen, den ich im Rahmen der »Konferenz für die Einheit der Menschheit« angeboten habe. Bei so vielen anderen Arbeitsgruppen, die zur gleichen Zeit angeboten wurden, war ich gespannt, ob überhaupt jemand zu meinem Workshop käme.

Ich versuchte gelassen zu wirken, als sich der Raum füllte. Ein junger Mann kam zu mir und fragte, ob er mich sprechen könne. Er erzählte mir von einem Tag vor drei oder vier Jahren, an dem er mit einer Gruppe betroffener Bürger ins Honolulu Hale, den Sitz der Stadt- und Kreisverwaltung, ging, um den Bürgermeister zu sprechen.

Er und seine Gruppe mussten warten, während der Bürgermeister eine Gruppe Gehörloser verabschiedete. (Sie waren gekommen, um bei der Unterzeichnung einer Erklärung anwesend zu sein, den Monat Mai als „Monat der Gehörlosen" zu proklamieren.) Die Gehörlosen waren freudig erregt von diesem Besuch. Der junge Mann war gefesselt von dem ungewöhnlichen Anblick, wie die Gehörlosen mit dem Bürgermeister kommunizierten. Als er das Gespräch verfolgte, das von den Taubstummen über die Dolmetscherin zum Bürgermeister und umgekehrt verlief, war er erstaunt über die persönliche Harmonie, die die Dolmetscherin schuf, und den Liebreiz, der die Gruppe umfing und den Raum zu füllen schien.

Der junge Mann hatte nie zuvor diese Stufe des Verbundenseins kennengelernt, auf der Herz und Geist der Einzelnen so eng mit anderen verknüpft waren. Die Schönheit dieses Erlebnisses inspirierte ihn. Er erzählte mir, dass seit dieser Zeit kein Tag vergangen sei, an dem er sich nicht das Bild dieses »Einsseins« ins Gedächtnis zurückrufe. Von allen menschlichen Begegnungen, die er im Leben gehabt hatte, gab diese ihm die größte Hoffnung. Als er mich mit dem Zahnarzt auf der Bühne sah, erkannte er mich als Dolmetscherin der damaligen Gruppe. Er dankte mir dafür, einer seiner Lehrer gewesen zu sein.

Mein Workshop lief an diesem Tag recht gut, obwohl mir natürlich niemand gesagt hat, dass er sein Leben dadurch verändert hat.

Im Nachhinein war ich vielleicht etwas befangen und konzentrierte mich mehr auf meine Angst als auf die Leute im Saal. Ich habe wahrscheinlich beim Besuch des Bürgermeisters mehr über kleine Taten der Liebe gelehrt als während meines Workshops, bei dem ich mir Mühe gab, etwas zu vermitteln.

Schon oft im Leben habe ich mich zum Helfer, Lehrer oder Ratgeber erklärt, und trotzdem lief alles schief, weil meine Beweggründe falsch waren. Wir helfen mehr durch kleine

Taten der Liebe und der Verbundenheit als durch unsere Versuche, andere um uns herum zu verändern und zu verbessern.

Durch jedes Wort, das du sprichst, und durch jede Tat lehrst du etwas. Aber du lehrst nicht immer das, was du zu lehren glaubst. Nicht immer sind es deine Worte, die man am deutlichsten vernimmt.

Du bist Lehrer im Auftrag des Himmels, und die Lektionen, die du erteilst, sind die Lektionen, die du selbst erlernst. Deine Taten der Liebe, des Einfühlens und des empathischen Mitempfindens berühren viele und lassen dich deine eigene Schönheit erfahren.

Die Entscheidung

Selbst als Chuck und ich schon zusammenlebten, hatte er auf dem Festland noch eine Freundin, die er besuchte. Diese Form der Beziehung war alles, was er mir bieten konnte, und ich nahm alles, was ich bekommen konnte.

Eines Tages, kurz bevor Chuck nach Vancouver reiste, um dort ein Seminar zu halten (eine Reise, auf der ihn seine andere Freundin begleitete), sagte er etwas Ungewöhnliches zu mir. Er sagte, wenn es irgendetwas gäbe, womit ich ihn dazu bringen könnte, sich für mich zu entscheiden, hätte ich seine Zustimmung.

Aus früheren Erfahrungen wusste ich, dass ich in mir (wie jeder von uns) eine Fähigkeit besitze, alles zu bekommen, was ich möchte. Diese Fähigkeit hängt davon ab, mich den Wünschen meines Herzens zu öffnen und sie zu erkennen. Ich fragte mich, ob ich den Mut hatte, diese Fähigkeit jetzt wirklich zu nutzen. Ich hatte vorher nie versucht, unsere Beziehung auf diese Weise zu beeinflussen, da ich Angst hatte, durch die Manipulation anderer Menschen ein schlechtes Karma zu erzeugen. Doch Chuck hatte mich jetzt ermutigt, alles zu tun, was ich konnte, wenn ich überhaupt irgendetwas tun konnte.

Kurz nachdem Chuck nach Kanada geflogen war, kam Terry, einer seiner besten Freunde, zu Besuch vom Festland. Das war ein interessanter Zufall. Weil Chuck mit seiner alten Freundin unterwegs war, bemitleidete ich mich selbst. Ich konnte der Versuchung nicht widerstehen, Terry, der gerade zur Verfügung stand, meine Sicht der Dinge zu unterbreiten. Eines Abends nach dem Essen, als wir im Garten am Swimmingpool saßen, erzählte ich ihm meine Geschichte.

Es war die Geschichte eines heldenhaften, lange und geduldig ertragenen Leidens und meiner Gutmütigkeit. Chuck war ein charmanter, aber gefühlloser, gemeiner Kerl. Sein Aufbruch in die untergehende Sonne, sein Flug in die Arme einer anderen Frau war der dramatische Höhepunkt dieser traurigen Geschichte.

Als ich meine Geschichte beendet hatte, war es dunkel geworden. Alles, was ich von Terry sehen konnte, waren seine blendenden Zähne. Er lachte. Ich wartete auf eine Antwort. Terry lachte in sich hinein und sagte mit seiner liebenswürdigsten und überzeugendsten Stimme: »Alles, was ich dazu sagen kann, ist, dass ich im Interesse Chucks hoffe, du nimmst ihn!«

Nach einer gewichtigen Pause nahm ich an, dass Terry meine Geschichte nicht verstanden hatte. Vielleicht hatte er nicht sehr aufmerksam zugehört. Also benutzte ich die nächste halbe Stunde dazu, meine Geschichte noch einmal zu erzählen und sie mit deutlicheren Details meines Leidens (und natürlich meiner Güte und meiner Geduld) auszuschmücken.

Und wieder konnte ich nach dem Ende meiner Ausführungen, als ich ihn anschaute, um eine Antwort zu erhalten, nur seine großen, schönen, weißen Zähne in der Dunkelheit sehen: Er lachte immer noch. Er beugte sich vor und sagte so klar und deutlich wie möglich: »Alles, was ich sagen kann, ist, dass ich in Chucks Interesse hoffe, du nimmst ihn!« Und danach gab er mir einen Kuss auf die Wange und ging schlafen.

Moment mal! Ich stutzte. Ich räumte die Möglichkeit ein, dass Terry nicht verrückt war und dass es tatsächlich eine andere Sichtweise für meine Situation gab. War es vielleicht wirklich eine Frage der Entscheidung? Meiner Entscheidung? War ich bereit für Chuck? Sollte er mir gehören? Sollte er mein Ehemann, mein Lebenspartner werden? Keinen anderen Mann, keinen anderen Liebhaber, niemand anderen, kein anderes Verhältnis? Nur Chuck, meinen Traummann? Den besten Mann der ganzen Welt?

Ich sah ein, dass Terry recht hatte. Natürlich, es war einleuchtend. Es passte zu meiner bisherigen Erfahrung: Ich konnte alles haben, was ich wollte. Und natürlich wollte ich Chuck. Warum hatte ich dann diese unglaubliche Angst? Es wurde mir klar, dass meine eigene Angst vor der Bindung, selbst an den besten Mann der Welt, zwischen mir und dem stand, was ich glaubte, besitzen zu wollen.

Ich war jemand, der sich einen leichtlebigen Mann ausgewählt hatte, weil ich Angst vor einer Heirat hatte. Ich war genauso leichtlebig. Und meine »Konkurrentin« um Chucks Aufmerksamkeit war ebenso wenig gewillt, ihn zu bekommen, wie ich es war!

Ich hatte versucht, unsere Form der Beziehung zu ändern, indem ich Chuck ändern wollte, aber ich würde so lange keinen Erfolg haben, bis ich selbst zu mir finden und meine Angst eingestehen würde. Nur indem ich die Wahrheit sagte und dieses Gefühl auslebte, könnte ich es überwinden und wieder frei entscheiden.

Ich könnte Chuck besitzen, wenn ich keine Angst davor hätte, ihn zu besitzen. Was wollte ich eigentlich?

In kürzester Zeit entschied ich mich für Chuck. Ich wollte ihn als meinen Partner und Ehemann. Ich wollte ihn mehr, als dass ich vor meiner Angst fliehen wollte. Und so entschied ich mich für Chuck!

Als ich meine Wahl getroffen hatte, öffnete ich eine Tür zu einer ungeheuren Angst, von deren Existenz ich vorher nichts gewusst habe. Drei Tage lang durchwanderte ich diese Angst. Sie war echt, dauerhaft, wundervoll und stark. Sie war phänomenal und atemberaubend. Ich durchlief diese Angst, bis ich mich schließlich davon befreite.

Die Furcht war vorbei, und alles, was ich fühlte, war die Bereitschaft zur Bindung! Ich hatte Chuck auserwählt, und ohne mit ihm gesprochen zu haben, wusste ich, dass er sich auch für mich entschieden hatte.

Als Terry mich zum Flugplatz fuhr, um Chuck abzuholen, konnte ich es kaum erwarten, ihn zu sehen. Ich war so aufgeregt! Chucks Flugzeug war zufällig früher gelandet. Chuck war schon von Bord gegangen, bevor wir ankamen. Als er uns in der Halle entdeckt hatte, strahlte er über das ganze Gesicht. In völliger Hingabe lief er mit ausgebreiteten Armen auf mich zu! (Und das war der Mann, der mir nie seine Zuneigung gezeigt hatte, aus Furcht, ich könnte mir falsche Hoffnungen machen!)

Zur gleichen Zeit, als ich Chuck auserwählt hatte, hatte er sich für mich entschieden. Das war kein Zufall. Im Laufe des Jahres heirateten wir. Terry wurde Chucks Trauzeuge.

Wenn du den Mut aufbringst, dir deine Ängste einzugestehen, werden Freude und Erfolg deine Begleiter werden.

Wenn du mit der Mitte deines Wesens in Verbindung trittst, wirst du reiche Segnungen ernten.

Zuversicht

Bevor unser erstes Kind, Christopher, geboren wurde, sprach unser Kinderarzt mit uns über die Folgen der Elternschaft. Er sagte, dass vom Zeitpunkt der Geburt des Kindes unser Leben nicht mehr uns selbst gehöre. Es werde von etwas beherrscht, das uns wichtiger sei, nämlich dem Leben unseres Kindes, und wir würden auf eine Weise verletzlich, wie wir es vorher nie gewesen seien.

Neben normalen, gesunden Kindern betreute dieser Arzt die höchste Anzahl von Patienten der pädiatrischen Onkologie im Staate Hawaii. Mit anderen Worten, er war Spezialist für krebskranke Kinder.

Er kannte mehrere hundert Familien, die in der schwierigen Situation waren, ein krebskrankes Kind zu haben. Eine grundlegende Erfahrung, die er in den vielen Jahren gemacht hatte, war, dass es für Eltern unmöglich ist, ihr Kind nicht vorbehaltlos zu lieben. Er sagte, es spiele keine Rolle, welchen Eindruck man habe, ob die Eltern warmherzig oder schroff, distanziert oder überbesorgt seien, wenn es darauf ankomme, gebe es keinen Elternteil, der nicht sofort mit seinem Kind getauscht hätte, sobald die Diagnose Krebs lautete. Alle Eltern wären bereit gewesen, anstelle ihres Kindes zu leiden oder zu sterben.

Wer Kinder hat, weiß, wie wahr diese Aussage ist. Es ist unmöglich, ein Kind zu haben und es nicht zu lieben, sich nicht darum zu kümmern. Obwohl manchmal das Gegenteil der Fall zu sein scheint, entspricht diese Grundhaltung der Wahrheit. Es fordert eine gewisse Einsicht, zu erkennen, dass unsere eigenen Eltern uns immer so uneingeschränkt geliebt haben.

Als Christopher fünf Wochen alt war, musste er an einem Bruch operiert werden. Die Operation selbst war nicht besonders kompliziert oder gefährlich, aber die Tatsache, dass er in seinem Alter eine Vollnarkose bekommen sollte, machte die Operation schwieriger. Chuck und ich hielten die Narkose für gefährlich. Wir hatten Angst, Christopher zu verlieren. Aber er hatte solche Schmerzen, dass wir alles tun mussten, um ihm zu helfen.

Am Tag vor der Operation waren wir in Panik. Wir hatten viel zu tun, weil Verwandte, die Tausende von Kilometern entfernt wohnten, zu Christophers Taufe kamen. Chuck und ich waren den größten Teil des Tages getrennt. Als ich über unsere und Christophers Lage nachgrübelte, kam ich zu einer einzigen Schlussfolgerung: Ich durfte nicht mehr gegen meine Angst kämpfen; das war die einzige Möglichkeit für mich, mich sicher zu fühlen, und für Christopher, in Sicherheit zu sein.

Ich spürte, dass es meine eigene Furcht war, die die Situation gefährlich machte. Um die Lage zu retten, musste ich die Furcht in mir heilen. Ich hatte gelernt, es sei eine gute Möglichkeit, Angst zu heilen, indem man sich in sie hineinbegibt und sie voll und ganz empfindet, sie zulässt, sie erkennt und sich dadurch davon befreit. Man sollte nicht in Panik geraten, sondern die Angst mit dem Ziel der Bewältigung fühlen.

Ich kämpfte den ganzen Tag mit meinen Gefühlen. Als es Abend wurde, hatte ich mich von Christopher gelöst. Ich hatte mich mit dem Gedanken ausgesöhnt, dass mir dieses Kind vielleicht nur für fünf Wochen geschenkt worden war.

Als ich das erreicht hatte, ging eine entscheidende Veränderung in mir vor. Ich hatte meinen Widerstand gegen die Operation abgelegt und war stattdessen erfüllt von Zuversicht und dem Gefühl der Sicherheit. Ich wusste, alles würde ausgezeichnet verlaufen. Es gab nichts, worüber wir uns Sorgen machen müssten; diese Erfahrung würde nur Gutes bringen.

Als ich Chuck abends endlich sah, hatte sein Gesicht den gleichen Ausdruck wie meines. Er hatte während seines geschäftigen Tages einen ähnlichen Prozess durchgemacht und empfand die gleiche freudige Erleichterung. Wir lachten, als wir uns anschauten, und dann widmeten wir uns gemeinsam der Aufgabe, unsere Familien zu beruhigen und ihre Angst zu beschwichtigen. Die Operation am nächsten Tag verlief gut. Die Taufe war ein freudiges Fest.

Immer, wenn du Angst hast, denke daran, dass der Prozess der Veränderung schon begonnen hat. Nichts, das dir zustößt, geschieht zufällig. Alles, was geschieht, ist eine Gelegenheit zum Wachsen und dient auf irgendeine Weise deinem höheren Lebensziel.

Kinder

Ich glaube, dass trotz aller Erlebnisse, Schulungen, Arbeiten in Kursen und Studien auf dem Gebiet des persönlichen Wachstums die Erfahrung, ein Kind zu bekommen, am meisten zu meiner Entwicklung, zu meinem Reifeprozess beigetragen hat und mir bei meiner eigenen Entwicklung am meisten geholfen hat. Nichts hatte größeren Einfluss auf mich.

Mutter zu werden, war ein unsanftes Erwachen für mich, ein schrecklicher Schock. Es war schwierig für mich, mich innerlich auf eine wirkliche Mutterschaft einzustellen. Ich war inmitten meiner eigenen Welt viel zu sehr etabliert, als dass ich sie einfach von einem Kind beherrscht sehen wollte.

Aber meine Kinder ließen mich nicht nur wachsen, sondern lehrten mich auch, wie ich meine Lebensaufgabe zu bewältigen hatte. Christopher ermöglichte mir tägliches, stündliches Üben im empathischen Verschmelzen mit einem anderen Menschen. Als Baby hatte er einen leichten Schlaf und Einschlafschwierigkeiten. Wenn er an der Schulter endlich eingeschlafen war, wachte er beim Hinlegen wieder auf. Zeitweise hielten wir ihn zwanzig Stunden am Tag im Arm (zu solchen Zeiten ist es viel wert, nicht alleinerziehend zu sein!).

Ich fand heraus, dass Christopher leichter einschlief, wenn ich mich ganz bewusst in sein Herz versenkte. Ich lernte auch, dass ich ihn hinlegen konnte, den Körperkontakt unterbrechen konnte, ohne dass er aufwachte, wenn ich bewusst mit ihm verbunden war. Alles, was er brauchte, war Mami in seinem Herzen, um sich sicher genug zu fühlen und sich zu entspannen. Wir waren so zu einem Organismus vereint, dass ich auch wach wurde, wenn er aus seinem Schlaf aufwachte.

Als ich durch Christophers Schule gegangen war, wusste ich, wie stark eine Bindung sein kann. Da die meisten Mütter uns keine echte »Gebundenheit« geben konnten (da ihre eigenen Mütter nicht an sie gebunden waren), haben die meisten von uns nicht den »Draht«, der nötig ist, um höhere Gefühle wie Liebe und Glückseligkeit zu empfinden.

Ich habe herausgefunden, dass es leichter ist, in einem Workshop oder einer privaten Sitzung diese Bindung oder diesen »Draht« herzustellen. Die Menschen lechzen danach; seit unserer Geburt warten wir alle darauf.

Christopher half mir auch, meine Fähigkeit auszubilden, mich mit anderen über eine Distanz hinweg zu verbinden, selbst mit Menschen auf der anderen Seite der Erde. Ich kann ihr Herz und ihre Gefühle so gut empfinden, als säßen sie vor mir oder als wären sie mein Kind, das im Nebenzimmer schläft. Es scheint, als könnte ich jeden fühlen, an den ich denke oder von dem mir erzählt wird, und das ist wunderbar, denn wenn ich mich mit diesen Menschen verbinden kann, kann ich ihnen Liebe übermitteln. Das erinnert mich an das, was mich meine Tochter J'aime erfahren ließ.

Viele Leute haben mich im Laufe meines Lebens geliebt, aber ich war 34 Jahre alt, als ich zum ersten Mal spürte, wie die Liebe eines menschlichen Wesens in mich hineinfloss. Es geschah eines Tages, während ich J'aime stillte, als sie etwa sechs Monate alt war.

Als ich sie an diesem Nachmittag stillte und ihr in die Augen schaute, empfand ich eine Welle der Liebe, die von ihr zu mir und in mich hineinwogte. Für einige Minuten schwelgte ich im süßesten, wärmsten und kostbarsten Gefühl, das ich jemals durch einen anderen Menschen empfunden hatte.

Und als ich ihre Liebe empfing, verstand ich plötzlich, dass diese Erfahrung nichts Außergewöhnliches war. Es war die Erfahrung, für die die Menschen geschaffen sind. Eine Mutter und ihr Kind sind dazu bestimmt, diese Art der Liebe zu teilen.

Ich erkannte auch, dass diese Liebe in jeder menschlichen Beziehung möglich sein müsste; die Gelegenheit wartete auf mich bei jedem, den ich kannte. Es war vielleicht der Zweck unseres irdischen Lebens: Liebe nicht als Idee oder als Wert, sondern als ein Gefühl, das physisch in unseren Herzen erfahrbar ist. Es war mir aber auch klar, dass nicht alle in ihrem gegenwärtigen Zustand Liebe fühlen, geben oder empfangen können.

Als ich J'aime noch stillte, dachte ich darüber nach, ob ich auch die Liebe, die jemand anderes für mich empfindet, spüren könne. Ich dachte, ich probiere es einmal. Der Name, der mir zuerst einfiel, war Jesus – ich glaube, weil er berühmt dafür ist, die Liebe gelehrt zu haben. »Warum nicht?«, dachte ich.

Ich stellte mich intuitiv auf Jesus ein und öffnete mich, um etwas von ihm zu empfangen. Sofort durchströmte mich reiche, freudige, herzliche Liebe. Alles, was ich in diesem Augenblick denken konnte, war: »Mensch, was für ein toller Kerl! Das ist also das Geheimnis des Christentums.«

Diese Erlebnisse ließen mich auf die Suche gehen nach mehr Möglichkeiten, Liebe zu fühlen, so oft wie möglich. Ich wollte diese Liebe mit anderen Menschen auf eine Weise teilen, dass sie das Erwachen der Liebe und die Freude dabei wirklich spüren können. Ich wollte anderen Menschen mitteilen, dass diese Liebe möglich ist, dass sie wirklich ist, dass sie Bestand hat und dass sie unbeschreiblich wertvoll ist.

Glaube an die Liebe. Wage zu lieben. Glaube an die Macht der Liebe und gib sie der Welt. Sei immer auf der Suche nach ihr.
Liebe herzlich, liebe uneingeschränkt, liebe mit deinem ganzen Herzen, denn du selbst bist die Liebe.

Sieh nur das Schöne!

Wenn ich an jemand anderem etwas entdecke, das ich für falsch halte, weiß ich, dass ich im Unterbewusstsein gegen das gleiche ankämpfe. Ich empfinde ein heimliches Schuldgefühl, dass ich genauso bin.

Sobald ich meine Negativprojektion von der anderen Person wegnehme und nach diesem Merkmal in mir selbst suche, lasse ich zu, dass es in mein Bewusstsein eintritt, und ich fühle, was es ist. Bald steigt seine Gegenwart in mir auf und kommt an die Oberfläche, und ich kann mich daran erinnern, diese Eigenart gezeigt zu haben und mich genauso verhalten zu haben wie die Leute, die ich deswegen verurteilt habe. Kurze Zeit später ist das Gefühl freigesetzt, und ich bin davon befreit, gesünder und klüger. Ich kann ein Beispiel dafür geben, wie ich angefangen habe, meine innere Welt zu betrachten, um Zerrüttung und Erschütterung in meiner äußeren Welt zu heilen.

Vor vielen Jahren, als Chuck sich auf einer Reise befand, war ein alter Freund vom College auf Hawaii und wollte mich besuchen. Obwohl ich starke Zuneigung zu ihm empfand, merkte ich, dass ich auch Angst hatte, ihn zu sehen. Er hatte feste religiöse Überzeugungen, die ich nicht teilte, und bei unserem letzten Besuch vor etwa acht Jahren hatten wir uns meistens gestritten. Ich wollte nicht kämpfen, aber ich wollte vor ihm auch nicht verbergen, wer ich war. Ich hatte Angst, verurteilt zu werden und als Sünderin bezeichnet zu werden, die zur Hölle fahren muss.

Wir aßen in angenehmer Atmosphäre zusammen, aber als die Kinder im Bett waren, begannen wir, wirklich miteinander zu sprechen. Innerhalb von Minuten hatten wir uns wieder verrannt. Ich dachte, ich könnte unsere gegensätzlichen Positionen überbrücken, aber Stunden später wurde mir klar, dass ich nur darum kämpfte, mehr Recht zu haben als er.

Als mir bewusst wurde, wie ich mich verhielt, entschuldigte ich mich bei ihm für meine Streitlust und dafür, dass ich nicht bereit war, ihm entgegenzukommen. Ich führte mein Gefühl des Versagens und der Enttäuschung auf meine Unfähigkeit zurück, seine Position zu teilen. Ich sagte ihm, dass ich mit alten Wunden und einem Schmerz zu kämpfen hätte, der mehr mit meiner Vergangenheit als mit der Gegenwart zusammenhänge, und dass ich noch nicht wisse, was es eigentlich sei. Ich erzählte ihm, wie ich mir sein Verhalten vorgestellt hätte, und entschuldigte mich dafür, ihn verändern zu wollen. Wir fanden wieder in Freundschaft zueinander, obwohl vieles noch nicht bereinigt war.

Als er abfuhr, begann ich damit, diese Erfahrung aufzuarbeiten. Das erste, das ich untersuchte, war meine spontane Empfindung. Als ich sie in vollem Umfang zuließ, stiegen Gefühle in mir auf, die zu Erlebnissen in der Jugend und während meiner Studienjahre passten: Entfremdung; Einsamkeit; Angst, anders zu sein; Angst, verurteilt und abgelehnt zu werden, sowie ein starkes Bedürfnis zu gefallen.

Ich ließ diese Empfindungen zu, bis sie sich erschöpft hatten. Die Belohnung war ein wunderbares Gefühl persönlicher Kraft – Kraft, die ich vorher in meinen Bemühungen vergeudet hatte, strenggläubigen Christen wie meinen Eltern keinen Anlass zur Sorge zu geben.

Das Nächste, was ich tat, war eine Untersuchung meiner Projektionen auf meinen Freund. Ich hatte ihn immer für provinziell, engstirnig und unflexibel gehalten, für jemanden, der Angst vor Veränderung hat, der andere moralisierend aburteilt, voreingenommen, streitsüchtig und blind für seine eigenen Fehler ist.

Es war eine bittere Pille für mich, diese Charaktereigenschaften an mir selbst zu entdecken. Als ich meine Scheuklappen abnahm, konnte ich sehen, wie sehr ich genau der Mensch war, den ich in meinem Freund ablehnte! Ich hatte Gespräche mit anderen Freunden vor Augen, bei denen ich mich genauso verhalten hatte wie der Mann, den ich deswegen verurteilt hatte.

Das zu erkennen war recht unangenehm, aber ich ging einen Schritt weiter und ließ das Gefühl der Verlegenheit zu. Der nächste Gesichtspunkt, den ich bei meinem Bemühen, aus der Erfahrung zu lernen, berücksichtigte, war die Ebene des Handelns. Ich wandte die Methode an, die ich von Chuck gelernt hatte: Alles, was mein Freund mir antat, muss auch ich ihm angetan haben. Daran hatte ich wieder zu beißen. Ich sah, wie er mich verurteilte. In seinen Augen schien ich im Unrecht zu sein, sündig, getäuscht, aber auch gefährlich. Die psychologische Gleichung sagte, dass ich ihn und seine Ansichten auf dieselbe Weise verurteilte.

Als ich in mich hineinschaute, war ich überrascht, so viel Verurteilung und Verachtung zu entdecken für das, was er vertrat. Um den Heilungsprozess einzuleiten, ließ ich mich meinen selbstgerechten Ärger, meine Verachtung, meinen

Hass, meine Überheblichkeit fühlen. Mit all diesen Gefühlen konfrontiert zu werden, war äußerst unangenehm.

Eine andere Vorstellung, die ich von Chuck gelernt hatte, war die, dass alles, was mein Freund mir antat, ich selbst mir auch angetan hatte. Als ich mich analysierte, entdeckte ich genau diesen Konflikt. Es gab Stimmen in meinem Inneren, die widersprüchliche Ansichten vertraten – und ich war mir dieser Konfliktsituation noch nicht einmal bewusst! Als ich meinen Freund am nächsten Tag betrachtete, wirkte er sehr verändert. Ich empfand weder Ablehnung gegen ihn noch gegen das, was er sagte oder tat. Es war leicht, weil er nichts mehr von dem »schlechten Menschen« hatte, für den ich ihn vorher gehalten hatte.

Jetzt konnte ich nur das Schöne in ihm sehen. Ich konnte ihn als den liebenden Menschen sehen, der er wirklich war. Ich konnte seine Unschuld erkennen. Es stimmt, dass ich schockierende Einsichten und unangenehme Gefühle ertragen musste, aber mein Mut zahlte sich aus. Ich gewann an persönlicher Kraft und Selbsterkenntnis. Ich tat mich leichter in kontroversen Diskussionen. Ich war nicht mehr so engstirnig, voreingenommen und überheblich. Mein Geist wurde lockerer. Es wurde leichter für mich, mit mir selbst umzugehen. Ich wurde reifer und lebte bewusster.

Du bist verantwortlich für das, was du siehst, glaubst und fühlst – nicht der, den du angreifst. Ja, auch du blockst Gefühle ab. Das macht jeder. Jeder hat seine eigenen Schutzmechanismen. Manche werden ärgerlich, wenn sie Gefühle zulassen sollen, manche schlafen ein, andere intellektualisieren alles oder fühlen sich ausgeschlossen. Einige lassen ihre Gedanken schweifen …

Verurteile deine Abwehrmechanismen nicht. Erkenne sie an, erfahre sie, und lasse sie in dein Bewusstsein dringen. Aber folge ihnen nicht, wenn sie dein Herz verlassen. Bleibe in deinem Herzen, um sie zu fühlen und sie wegzubrennen. Und wenn sie im Brennofen deines Herzens vergehen, fühle, was als nächstes geheilt werden will.

Wenn du dich dabei ertappst, jemand anderen in deinen Gedanken anzugreifen und zu denken, wie sehr du Recht hast und der andere Unrecht, höre auf, ihn zu beschuldigen, und suche nach der Wunde, die du damit zudeckst. Du wirst dich selbst heilen wie auch denjenigen, dem du Hass entgegengebracht hast.

Du sehnst dich nach dem Frieden des Himmels. Um ihn zu erreichen, musst du bereit sein, niemals mehr jemanden anzugreifen.

Feiglinge

Wir haben eine gute Freundin in Kalifornien, eine Therapeutin namens Sabrina. Vor ein paar Jahren besuchten wir sie. Wir mieteten uns ein Ferienhaus am Meer und lebten in den Tag hinein.

Am ersten Abend unterhielten wir uns bis spät in die Nacht. Sabrina hatte gerade eine fünfjährige Beziehung beendet. Ich bot mich an, ihr bei der Bewältigung des Trennungsschmerzes zu helfen, indem ich mit ihr verschmolz und sie darin unterstützte, den Schmerz zu fühlen, um ihn dadurch zu überwinden.

Sie nahm mein Angebot dankend an und arbeitete mit großem Erfolg. Hinterher zeigte sie berufliches Interesse an meiner Methode. Ich erklärte ihr, so gut ich konnte, was geschehen war, was ich getan hatte. Ich sagte, mein Ziel sei es gewesen, ihr so nahe wie möglich zu kommen, mich mit Herz und Geist in sie zu versenken, sodass nur durch die Verschmelzung mit ihr ein Heilungsprozess stattfinden könne. Als wir darüber nachdachten und es theoretisch erörterten, fragten wir uns, was geschähe, wenn wir beide das Ziel hätten, eine tiefe und ganz starke Verschmelzung miteinander zu empfinden, nicht durch körperliche Berührung, sondern indem sich unsere Herzen und unser Geist aufeinander zubewegten.

Wir versuchten es. Ich versetzte mich in sie hinein und sie sich in mich.

Etwas Erstaunliches geschah. Es wurde aufregend! Es war fast beängstigend. Es machte uns ganz benommen. Unser Geist wirbelte in Spiralen, aber wir bewegten uns weiter aufeinander zu. An einem bestimmten Punkt hatten wir wirklichen Kontakt (nicht körperlich), und dieses Erlebnis der Berührung war wie eine Explosion. Wir sahen blendendes Licht, das Gefühl war orgiastisch. Dieses Erlebnis konnten wir nur einen Augenblick lang halten, bevor es bei beiden nachließ. Es war ein überwältigendes Erlebnis, wunderbar, unvorstellbar, heilig, aber zu stark, um es länger als einen Augenblick aushalten zu können. Wir wurden beide von diesem Gefühl davongetragen.

»Toll – versuchen wir es noch einmal!«, sagten wir beide. Als wir es noch einmal versuchten, gelang es uns nicht annähernd, dieses Erlebnis zu wiederholen. Es war so unbeschreiblich, dass wir Angst hatten, es zu wiederholen.

In den nächsten Tagen versuchten wir es immer wieder, aber ohne Erfolg. Es überraschte uns, zu sehen, wie viel Angst wir davor hatten Liebe, Freude und Verbundenheit in so starkem Maße zu empfinden.

Die Kraft der Heiligkeit existiert unabhängig von Zeit und Raum, im heiligen Zentrum des gegenwärtigen Augenblicks. Ihm nahezukommen, lässt die heilige Wahrheit Wirklichkeit werden und heißt, ohne Zweifel in deiner Seele zu wissen, dass der Himmel Wirklichkeit ist.

Das Paar aus Tokio

Durch meine Arbeit in den Seminaren und durch meine Beratertätigkeit bin ich zu der Schlussfolgerung gekommen, dass die meisten Menschen nicht wissen, wie sie mit Kummer umgehen sollen. Es ist eigenartig, dass die Fähigkeit zum Leiden gelehrt oder ausgebildet werden muss.

Als ich das »Support Center« leitete, besuchte ich eine Selbsthilfegruppe für Eltern, die ein krebskrankes Kind verloren hatten. Die Leiterin der Gruppe war eine Frau, deren Tochter vor acht Jahren gestorben war. Sie sagte, dass sie immer noch nicht normal leben könne, weil irgendetwas ihren Kummer immer wieder auslöse und sie ganz zusammenbrechen lasse. Sie war böse darüber, dass die Leute in ihrem Umfeld nicht verstehen konnten, warum sie immer noch nicht in der Lage war, den Tod ihrer Tochter zu akzeptieren.

Eine Reihe von Leuten in der Gruppe war in der gleichen Verfassung. Keiner von ihnen konnte sich ein Ende ihrer lähmenden Trauer vorstellen. Sie sahen sie als jemanden an, der das Gefühl, glücklich zu sein, bis zum Ende seines Lebens verhindern werde.

In den letzten Jahren bin ich einige Male aufgefordert worden, mich in das Herz von Menschen zu versetzen, die ein Kind verloren hatten. Die Erfahrungen, die ich bei einer empathischen Vereinigung mit ihnen gemacht habe, um sie zu heilen, waren so intensiv und fordernd, dass mein Bewusstsein es gerade noch ertragen konnte, aber sie waren ebenso wertvoll und anregend.

Selbst die schlimmsten Gefühle können durchlebt und bewältigt werden, wenn man weiß, wie oder wenn man die richtige Hilfe erhält. Ich habe eine Menge darüber gelernt, als wir 1988 in Tokio waren. Ein Mann, dessen siebenjähriger Sohn an Krebs starb, besuchte dort ein Seminar, das Chuck leitete.

Mittendrin wurde er ins Krankenhaus gerufen. Der Junge starb in jener Nacht, seine Eltern standen bei ihm. Der Vater kam am nächsten Tag noch einmal kurz zurück, um Chuck und den Seminarteilnehmern für ihre Hilfe zu danken.

Als wir zwei Monate später wieder in Tokio waren, besuchte das Paar unseren Vortrag. Sie hielten sich die ganze Zeit bei den Händen. Während der zwanzigminütigen Pause, als die Leute aufstanden und hinausgingen, blieben wir da und gingen, wie von einem Magneten angezogen, aufeinander zu. Wir sprachen keine gemeinsame Sprache und hatten keinen Dolmetscher, aber Worte waren überflüssig.

Als wir uns mitten im Vortragssaal zusammensetzten, schauten sie mich an und öffneten sich mir. Sie boten mir ihre Herzen uneingeschränkt an. Ich ließ mich fallen und versenkte mein Bewusstsein in ihres. Wir drei stürzten in einem freien Fall der Gefühle in den Bereich des Todes ihres Sohnes, und wir hielten uns die ganze Zeit fest an den Händen. Wir fielen … und fielen … und fielen durch den Schmerz, ohne Widerstand zu leisten. Ich verlor fast das Bewusstsein, so qualvoll war es.

Dann kam das Ende des Tunnels, und bald waren wir draußen, entlassen in die Klarheit des Lebens, in die Erlösung und die Liebe. Wir sahen uns an, lachten und umarmten uns und weinten vor Freude. Das Leid, das sie empfunden hatten, war vorüber, und nur Minuten waren vergangen. Kummer über andere Folgen des Verlustes, über andere Ereignisse im Zusammenhang mit dem Tod des Jungen würde zu anderer Zeit wieder aufflackern, aber sie wussten jetzt, dass diese Gefühle auch durchgestanden und freigesetzt werden können.

Sie befanden sich auf einer mächtigen, spirituellen Reise, die sie läutern, stärken und neu entfalten wird. Kein Weg des Lernens konnte eine stärkere Herausforderung für sie darstellen; ihre Vertrautheit miteinander und ihre Reife werden wachsen, und sie werden das Tor zum Himmel auf Erden entdecken.

Kein Schmerz ist so groß, dass du ihn nicht ertragen kannst, wenn du in diesem Augenblick von der Liebe getragen wirst.
Die Liebe ist die stärkere Wirklichkeit, und sie übt ihre Vorherrschaft aus, sobald du sie dazu aufforderst.

Wenn du akzeptierst, was kommt, und alles verarbeitest, spielt es eigentlich keine Rolle, was im Leben geschieht. Du kannst in der Gegenwart leben und die Gefühle, die du empfindest, so ausleben, dass jeder Augenblick neu ist und deine Zukunft nicht nur eine bloße Wiederholung ergangener Leiden ist.

Herzeleid

Bis die meisten von uns erwachsen werden, sind sie voller gebrochener Herzen. An einige dieser gebrochenen Herzen erinnert man sich leicht, andere sind ganz oder teilweise in den Abgrund unseres Unterbewusstseins versunken. Dort sind vergessene Traumata, Schmerz und Verlust verborgen und scheinen bedeutungslos zu sein. In Wirklichkeit beeinträchtigt uns dieser Kummer ständig. Er bestimmt, wie wir die Welt und das Leben sehen. Er entscheidet für uns. Er kontrolliert unsere Beziehungen. Er macht uns verschlossen und unglücklich und hält uns in wiederkehrenden Verhaltensmustern gefangen.

Es gibt keinen überzeugenden Grund, solche Leiden in uns zu begraben. Wenn wir unsere Gefühle im Moment des Entstehens auch erleben, strömen sie durch uns hindurch, ohne Schaden anzurichten. Wir gehen aus diesem Prozess stärker und klüger hervor. Dafür, und vielleicht deswegen, sind wir geschaffen. Ich war Zeuge, als mein knapp dreijähriger Sohn Christopher eines seiner ersten Leiden erlebte. Er hatte seine

Liebe zu einer meiner Freundinnen entdeckt und verehrte sie mit großer Hingabe. Wenn sie uns besuchte, nahm er sie bei der Hand und führte sie schwärmerisch in sein Zimmer zum Spielen. Sie war sein Augenstern, seine Sonne, seine beste Freundin.

Eines Abends gingen wir mit der ganzen Familie zu unserer Freundin zum Essen. Die Kinder rannten aufgeregt im Haus umher, als sie sagte, jeder solle zum Essen Platz nehmen. Als mein Sohn mit seinem Lieblingsspielzeug in der Hand hinter ihr herlief, hielt sie ihn auf, nahm ihm das Spielzeug ab und befahl ihm, sich an den Kindertisch zu setzen. Sie war nervös durch die Belastung, ein Essen zuzubereiten und eine erfolgreiche Party zu veranstalten, und ihre Aufmerksamkeit konzentrierte sich auf ihre Situation, nicht auf Christopher.

Von der anderen Seite des Zimmers konnte ich das am Boden zerstörte Gesicht meines Sohnes sehen. Seine geliebte Freundin hatte ihn genauso behandelt wie jedes andere Kind! Er hätte sie niemals so gleichgültig behandelt, ohne Rücksicht auf ihre Gefühle. Es ging ihm durch den Kopf, dass sie ihn nicht liebte. Sie empfand für ihn nicht das gleiche wie er für sie. Diese Erkenntnis traf ihn mit solcher Wucht, dass er vor Schreck und vor Schmerz schrie und sich dann verzweifelt nach mir umschaute. Aufgelöst rannte er auf mich zu; das Gefühl war so stark, dass er nicht reden konnte. Mein Herz begleitete ihn, und ich fühlte einen Schmerz, der so schneidend war, als hätte man sein Herz mit einem Metzgerbeil gespalten. Atemlos vor Schmerz klammerte er sich an mich, als ich ihn hinaustrug.

So klein der Vorfall war, ich konnte seine verheerende Wirkung spüren. Alles, was ich tun konnte, war, Christopher festzuhalten, mit ihm zu fühlen und zu sagen: »Ich weiß, ich weiß.« Nach ein paar Minuten hatte er genug Schmerz bewältigt, um wieder sprechen zu können.

»Mami, sie hat einen Fehler gemacht!«, japste er. »Sie braucht eine Pause!« Als er sie sich allein in ihrem Zimmer vorstellte, zu einer Pause verurteilt, sagte er mit einer gewissen Genugtuung: »Dann würde sie weinen.« Innerhalb von Augenblicken strahlte er, Klarheit und Offenheit kehrten in sein Gesicht zurück. »Aber *ich* würde sie retten!«, rief er, sprang von meinem Schoß herunter und ging zu den anderen zurück. Der Kummer war vorüber.

Das Großartige und Schöne an dem, was ich gerade erlebt hatte, machte mich sprachlos. Indem er einfach sein natürliches Gefühl auslebte, wurde mein Sohn nicht nur von seinem Kummer befreit, sondern er lernte aus dieser Erfahrung auch, einem Freund zu vergeben, wenn er einen Fehler macht. Er hatte nach diesem Erlebnis ein besseres Bild von sich selbst, und er hat die Liebe verspürt, die auf jeden Kummer folgt.

Wenn du gelernt hast, dein emotionales Selbst zu erkennen und zu achten und nur zu tun, was du wirklich willst, dann wirst du, zum ersten Mal, wirklich sicher sein und auch den Menschen in deiner Umgebung nicht schaden ...

Reife

Gefühl zu empfinden, ohne Egoismus oder Selbstmitleid zu verspüren oder ohne das Bedürfnis, auf die Gefühle einzuwirken oder sie den Menschen um uns herum überstülpen zu wollen, ist ein Zeichen emotionaler Entwicklung und Reife.

Als Erwachsene konzentrieren wir uns darauf, unser intellektuelles Selbst und vielleicht unser spirituelles Selbst, selten aber unser emotionales Selbst auszuformen, weil wir unter dem Eindruck stehen, nicht fühlen zu dürfen. Wenn wir Gefühle zum Ausdruck gebracht haben und dabei andere verletzten, kamen wir nur in Schwierigkeiten.

Es war ein wichtiger Schritt in unserer Entwicklung, zu lernen, unser Verhalten zu kontrollieren, wenn wir Gefühle empfinden, aber wir zahlten einen hohen Preis. Wir haben gelernt, unsere Gefühle so zu unterdrücken, dass wir sie nicht mehr empfinden und dass es somit leicht ist, unser Verhalten zu kontrollieren. Das Unterdrücken von Gefühlen führt jedoch zu Dissoziation und zu emotionalen, mentalen und physischen Störungen.

In einem unserer Seminare fragte eine Chinesin nach der Ursache für ihre starken chronischen Rückenschmerzen. Sie sagte, sie sei nicht in der Lage, Gefühle zu empfinden, und sie führte das auf ihre Erziehung zurück: Ihre Eltern brachten ihr bei, in ihrer Gegenwart nicht zu sprechen und sich nicht zu bewegen. Bei weiterer Befragung erinnerte sie sich an eine Auseinandersetzung mit ihrer Mutter, als sie elf Jahre alt war. Der Streit gipfelte darin, dass die Mutter die Kleider der Tochter zerriss, sie schlug und aus dem Haus warf. Nackt versteckte sie sich stundenlang in der Umgebung.

Die Person, die ich festhielt, als sie wimmerte, war in Wirklichkeit nicht die 30-jährige Frau in meinem Seminar, sondern das geschlagene und beschämte Kind, das glaubte, die Welt gehe unter.

Schließlich war sie in der Lage, ihre emotionale Sperre zu durchbrechen. Sie baute sich in Gegenwart der Liebe wieder auf und ließ zu, dass die Liebe sie tröstete und bemutterte und dabei half, das gebrochene Kind zu emotionaler Reife aufblühen zu lassen. Unsere Aufgabe als Wesen mit Gefühlen ist es, unser Verhalten zu kontrollieren und gleichzeitig Gefühle zu empfinden. Das ist Reife.

Als Kinder können wir das vielleicht nicht. Als gereifte Erwachsene können wir uns zutrauen, alles zu fühlen und uns trotzdem nicht nur diesen Gefühlen hinzugeben oder andere um uns herum zu verletzen.

Wenn wir die Fähigkeit zu fühlen wiedererlangt haben, können wir lernen, nett zu uns selbst zu sein, ohne Opfer zu bringen. Es ist wichtig zu erkennen, dass es eine Unfreundlichkeit ist, sich für andere aufzuopfern, um freundlich zu deren emotionalem Selbst zu sein, während man die Bedürfnisse und Gefühle des eigenen emotionalen Selbst verleugnet.

Wir haben uns selbst dazu erzogen, fortwährend enorm unfreundlich gegen uns zu sein in dem Glauben, wir seien gereift. Dieses Verhalten – hart gegen uns selbst zu sein oder uns selbst zu verleugnen – ist kein Zeichen der Reife, es zeugt nur von mangelndem Bewusstsein und fehlender Verantwortung.

Opferbereitschaft und Selbstverleugnung, die so oft als bewundernswert angesehen werden, bewirken Schuldgefühle und Ärger bei denen, denen sie entgegengebracht werden. Da wir alle eins sind, gilt für uns alle, was für jeden Einzelnen gilt.

Jedes Mal, wenn du dich gedanklich mit jemand anderem verbindest, kannst du diesem Menschen dein offenes Herz schenken. Jedes Mal, wenn du mit geöffnetem und bereitem Herzen an jemanden denkst, selbst wenn es nur für kurze Augenblicke ist, wird derjenige aufblühen und aufleben. Er wird sich geliebt fühlen, und er wird spüren, dass er ein wertvoller Mensch ist.

Du kannst die Menschen, die du liebst und für die du dich verantwortlich fühlst, umsorgen, selbst diejenigen, vor denen du Angst empfindest (und die deine Hilfe brauchen), indem du sie hegst wie einen Garten ... indem du sie einfach in dein Herz einschließt.

Kuschelzeit

Eine meiner größten Freuden ist es, Liebe mit meinen Kindern zu teilen. Es ist wunderbar, sie aufwachsen zu sehen und zu beobachten, was sie über Liebe wissen, wie sie damit spielen, darum bitten und sie an andere weitergeben. Das Beste ist vielleicht, sie zu beobachten, wenn sie sich gegenseitig Liebe schenken. Vor ein paar Jahren fragte ich meine Kinder bei einer unserer abendlichen Kuschelzeiten im Bett, wie sie Liebe empfänden.

Meine dreijährige Tochter lachte ihr engelhaftes Kinderlachen und erklärte, Liebe sei wie »tolle Barbie-Puppen, Ponys, Regenbogen und Herzchen!«. Mein fünfjähriger Sohn sagte nur: »Liebe fühlt sich wie Liebe an. Aber Mamas Liebe ist wie Mama-Liebe, und Papas Liebe ist wie Papa-Liebe.«

Ich habe oft beobachtet, wie meine Kinder auf jemanden reagieren, der Kummer hat, sei es körperlich oder seelisch, indem sie denjenigen berühren und ihm Liebe schenken (weil sie erkannt haben, dass dieser Mensch Liebe braucht). Ich habe sie dabei beobachtet, wie sie Liebe und Zuneigung Verwandten schenkten, die sie noch nie zuvor oder seit langer Zeit nicht gesehen haben, oder neuen Bekannten, die ihnen gefallen.

Und wenn sie ein »ungutes Gefühl« haben, wie sie es nennen, wissen sie, wie sie damit umgehen sollen, und bitten die Erwachsenen um Hilfe, es bis zum Ende durchleben zu können. Es ist erstaunlich für mich, dass sie emotional so kultiviert sind. Selbst als sie noch sehr klein waren, konnten sie ihre Gefühle beschreiben, indem sie zum Beispiel sagten: »Es fühlt sich an, als hätte ich Angst vor einem Drachen in mir.«, oder »Es fühlt sich an wie ein Monster.«.

Ich mache wahrscheinlich jeden Tag genauso viele Fehler in der Erziehung, wie ich Erfolge habe. Zum Glück kann ich mich, wenn ich einen Fehler mache (wenn wir Streit haben, wenn ich gereizt oder ungerecht bin), damit trösten, dass wir den Schaden beseitigen und zusammen durch diese Erfahrung wachsen können.

Ich erinnere mich daran, dass ich die Kinder eines Abends, als sie drei und fünf Jahre alt waren, angeschnauzt habe. Chuck war verreist, und ich hatte einen anstrengenden Tag hinter mir – Kinder, Haushalt, Beruf und das Schreiben an diesem Buch. Als mein Ärger verflogen war und ich Reue verspürte, entschuldigte ich mich für mein Verhalten und bat um Verzeihung. Beide lächelten nur und umarmten mich.

Christopher sagte. »Es macht nichts, wenn du wütend auf uns bist, Mami, weil wir ja wissen, dass du uns liebst!«

Manchmal bin ich richtig verlegen, wenn ich sehe, dass meine Kinder eine Gefühlssituation besser und reifer bewältigen als ich. Doch ich bin zuversichtlich, dass in unserer Beziehung, was immer auch geschehen wird, kein Schaden so groß sein wird, dass man ihn nicht durch Vergebung, Liebe und Nähe wieder gutmachen kann.

Alles, was Du brauchst, ist Liebe

Vor ein paar Jahren teilte mir eine Freundin vertrauensvoll mit, dass sie mit ihrem Sohn am Ende ihrer Weisheit angelangt sei. Es war ein hyperaktiver, zehnjähriger Junge, der Probleme in der Schule hatte, die noch dadurch verstärkt wurden, dass sein Vater mit dem Marinecorps der Operation »Wüstensturm« in den Nahen Osten versetzt worden war. In den Wochen nach Abreise seines Vaters hatte sich sein Verhalten so verschlechtert, dass seine Lehrer fast verzweifelten. Seine Mutter war, bei all dem finanziellen und emotionalen Druck, dem sie ausgesetzt war, am Ende ihrer Kräfte.

Empfehlungen der Lehrer und Erziehungsberater zur Verhaltensänderung trugen nichts dazu bei, das Problem zu beseitigen. Auch Medikamente und bestimmte Diätkuren halfen nichts.

Ich machte den Vorschlag, etwas zu versuchen, das immer geholfen hatte, wenn mich das Verhalten meiner Kinder gestört hatte. Ich schlug meiner Freundin vor, die Bedürfnisse des Kindes zu stillen, statt die Symptome zu behandeln, indem sie dem Jungen mehr Liebe und mehr Körperkontakt zukommen ließ.

Bei meinen eigenen Kindern habe ich immer eine direkte Verbindung zwischen der Intensität unserer gegenseitigen

Verbundenheit und ihrem Verhalten gesehen. Sobald ihr Grundbedürfnis an elterlicher Liebe und Nähe gestillt ist, sind sie glücklicher und leichter zu handhaben. Ich schlug vor, dass sie am selben Abend, einem Freitag, damit anfangen solle, mit ihm gemeinsam fernzusehen und ihn dabei festzuhalten und zu streicheln oder seine Hand zu halten, wenn sie gemeinsam unterwegs waren. Sie sollte sich darauf konzentrieren, sein Herz mit ihrem Herzen zu füllen, ihn zu lieben, zu hegen und zu bemuttern.

Sie folgte meinen Anweisungen und war über das sofortige Ergebnis überrascht. Sie ließen es sich einfach gutgehen und erlebten das glücklichste Wochenende miteinander. Als am Sonntag eine Freundin die Hilfe der Mutter benötigte, beschäftigte sich der Junge eineinhalb Stunden lang draußen, ohne zu unterbrechen. Normalerweise hätte er seine Mutter im Haus mindestens alle zehn Minuten gestört.

Die größte Überraschung war jedoch der Telefonanruf des Klassenlehrers am Montagnachmittag. Der Lehrer fragte aufgeregt, ob sie die Medikamente für ihren Sohn gewechselt habe. Meine Freundin sagte, das sei nicht der Fall. Der Lehrer wollte wissen, ob sie irgendetwas anderes geändert habe. Als meine Freundin nach dem Grund seiner Vermutung fragte, teilte ihr der Lehrer verwundert mit, dass ihr Sohn den ganzen Tag über ruhig und fröhlich gewesen sei und keinerlei Verhaltensauffälligkeiten gezeigt habe. Seine abschließende Bemerkung war: »Was auch immer Sie jetzt ausprobiert haben, machen Sie weiter damit!«

Die Wurzel jedes unfreundlichen, unglücklichen oder boshaften Verhaltens ist der Schrei nach Liebe.

Du musst großes Einfühlungsvermögen zeigen, wenn du daran denken willst, sobald du angegriffen wirst, aber Liebe ist das beste Heilmittel.

Die höchste Wirklichkeit

Vor zehn Jahren wurde ich erstmals mit der Erfahrung gesegnet, in solch offene Augen zu sehen, dass ich bis zu Gott schauen konnte. Es waren die Augen meines kleinen Patenkindes Cooper.

Ich leistete seiner Mutter (meiner lieben Freundin Peggy) Hilfe bei seiner Geburt. Nachdem er aus dem Bauch heraus und frei war und in den Armen seiner glücklichen Eltern empfangen wurde, durfte auch ich ihn nehmen.

Winzig, aber hellwach schaute er mich an, schaute in mich hinein und durch mich hindurch. Als ich ihn auch anschaute, war ich verblüfft; es war, als ob niemand in ihm war. Ich konnte ins Unendliche schauen, wo die fernen Sterne blinkten und für mich sangen. Sein Blick war gleichzeitig völlig leer und abgrundtief. Es gab keine Vergangenheit in seinen Augen und keine Persönlichkeit, die sich vor Schmerz krümmte.

Nur die Gegenwart war da, beständig und atemberaubend nah. Er zeigte mir, was es für einen Menschen bedeutet, das Leben so zu sehen, wie es im gegenwärtigen Augenblick ist, und nicht, wenn sich die Leiden der Vergangenheit darin spiegeln. Wenn ich zu anderen Menschen eine Vertrauensbeziehung aufbaue, wenn die himmlische Liebe sich ihren

Weg durch unsere Herzen bahnt, sehe ich in ihren Augen, was sie gerade erleben. Normalerweise ist das, was sie in der Gegenwart erleben, ihre Vergangenheit – Gefühle, die nicht zugelassen worden sind, oder die Dissoziation von früheren Gefühlen, wie Enttäuschung, Kummer, Traumata.

Wenn ich will, kann ich ihre ganze Geschichte in ihren Augen lesen, indem ich die Ereignisse nachempfinde, die sich schweigend aus ihren Augen ergießen, damit man sie erfahre und weiterlebe. Im sicheren Gefühl absoluter Vertrautheit kann man Verteidigungsmechanismen ausschalten und stattdessen das Herz im gegenwärtigen Augenblick sprechen lassen. Nur im Ewigen Jetzt, in der Gegenwart des Augenblicks, kann die Vergangenheit erlöst werden und Heilung geschehen.

Und sobald die Liebe ihr Werk vollbracht hat, wenn die Menschen die Gnade der tröstlichen Liebe erfahren, können sie erst wirklich sehen und eine Welt entdecken, in der die Liebe die höchste Wirklichkeit ist.

Unsere Wahrnehmung ist wie der Cursor eines Computers: Dort, wo er auf dem Bildschirm unserer Wahrnehmung steht, haben wir die Fähigkeit, zu handeln und etwas zu erschaffen. Häufig ist unsere Wahrnehmung auf uns selbst gelenkt – auf unsere Bedürfnisse und Wünsche, unsere seelischen Wunden, Probleme und Konflikte, auf unsere Sehnsüchte und Seelentröster. Aber solange wir unsere Aufmerksamkeit nur auf uns selbst lenken, sind wir in Vereinsamung und Befangenheit eingeschlossen, und die *Schönheit* kann sich nicht entfalten. Das Wichtigste, das wir im Leben lernen müssen, ist die Kontrolle über den Cursor unserer Wahrnehmung.

Wenn du deine Aufmerksamkeit ernsthaft auf andere Menschen konzentrierst, werden sie sich dir öffnen und eine Brücke auf deinem Weg in eine höhere Wirklichkeit der Liebe und der Freude werden.

Gottes Augen

Eine grundlegende Offenbarung hatte ich vor ein paar Jahren in den Pyrenäen in Frankreich, wo Chuck und ich in jenem Sommer ein Seminar abhielten. Es war ein reizendes Fleckchen Erde. Die Berghänge waren mit Wiesenblumen und Schmetterlingen übersät, und unsere Kinder hatten ihren Spaß an den Ziegen, die neben unserer Unterkunft vorbeikletterten.

Ein junger Mann, der am Workshop teilnahm, zog von Anfang an meine Aufmerksamkeit auf sich. Er fiel mir auf, weil er ungewöhnlich scheu und gehemmt wirkte. Ich hielt ihn für den klassischen »kalten Fisch«, der sehr intellektuell war und dem Workshop mit äußerst ablehnender Haltung gegenüberstand.

Während einer Teepause stand der junge Mann einmal vor mir in der Schlange und füllte seine Tasse mit heißem Wasser. Als die Tasse voll war, drehte er sich um. Da merkte er, dass ich die ganze Zeit hinter ihm gestanden hatte. Er war so erschrocken, dass er zusammenfuhr und das ganze heiße Wasser über sich schüttete.

Symbolisch war das eine klare Aussage über seine emotionale Befindlichkeit (Wasser als unterbewusstes Symbol für

Gefühl) und vielleicht ein Zeichen seiner Angst, ich könnte seine Gefühle an die Oberfläche bringen. Von diesem Zeitpunkt an interessierte ich mich ganz besonders für ihn. Ich hatte das Gefühl, er habe mir mit dieser Mitteilung ein besonderes Signal gegeben.

Später an diesem Tag äußerte sich der junge Mann zum ersten Male im Seminar. Er sagte, er wolle vor allem Gott einmal direkt erfahren, um zu wissen, dass es Gott wirklich gibt. Tief im Inneren fühlte ich, dass es das war, was er von mir erwartete, und vage konnte ich auch fühlen, dass ich seinem Bedürfnis entgegenkommen konnte.

Da mein Mann mit dem Rest der Gruppe einen Workshop mit einem anderen Thema abhielt, setzte ich mich neben den jungen Mann und schaute ihm intensiv in die Augen, um sein Inneres zu finden. Ich konnte ihn in seinem Körper nicht finden, ich konnte ihn in seinen Augen nicht sehen, ich sah nur Distanz, Leblosigkeit und Dissoziation. Ich tastete mich durch das Nichts, entschlossen, ihn zu finden. Obwohl ich wusste, dass ich langsam vorankam, hatte ich keine Ahnung, wie groß die Höhle war, in der ich schwamm.

Nach einiger Zeit stellte ich schließlich fest, dass ich den Mann nicht in seinem Versteck finden konnte, weil dieser Ort in mir selbst noch nicht geheilt war. Ich konnte Gott selbst nicht spüren. Wie der Mann, fühlte auch ich mich weit weg von der Gegenwart Gottes. Wenn ich dem Mann das Geschenk machen wollte, das er sich am meisten wünschte, müsste ich es erst mir selbst schenken.

Ich richtete mein Bewusstsein auf mich selbst und bohrte mich in meine eigene Seele hinein, um die Stelle zu finden, die vor Einsamkeit und Abgeschnittenheit schmerzte. Und als ich diese Stelle spürte, entdeckte ich den jungen Mann als meinen Freund. Ich lernte mit ihm, ich heilte mich mit ihm. Er war in derselben Lage wie ich. Wir waren gleich.

Als ich wieder Kontakt mit seiner Seele aufnahm, fühlte ich, dass etwas antwortete. Intuitiv wusste ich, dass ich Gott in seinen Augen sehen könnte, wenn ich fest genug, lange genug und mit der richtigen Erwartung in seine Augen schaute. Seine Augen nahmen einen Ausdruck der Verwunderung und der Überraschung darüber an, erweckt worden zu sein. Dann folgte ein Blick der Dankbarkeit, der so tief und so schön war, dass er mein Leben verändert hat. Doch als ich weiter in seine Augen schaute, nahm ich eine andere bedeutende Veränderung wahr. Aus seinen Augen schaute Gott! Es war der gleiche Blick, den ich in den rosafarbenen und goldenen Wolken im großen Strahl der Liebe gesehen hatte, den ich Jahre zuvor wahrgenommen hatte. Es war ein Blick voller Humor, unerschöpflicher Weisheit und Liebe.

Die Liebe, die aus ihm herausstrahlte und in mich hineinfloss, stillte das tiefste Verlangen. Mein Bewusstsein erlangte eine höhere Stufe der Wahrnehmung. Und der junge Mann, dessen Gesicht nun wunderschön, fröhlich und feierlich aussah und dessen Herz vor Freude fast zersprang, umarmte mich.

Als ich mich im Raum umschaute, konnte ich sehen, dass mich selbst die Wände mit Gottes Liebe anschauten! Es war eine starke Begegnung. Die Erfahrung reinigte mein Herz und meinen Geist, als Tränen aus meinen Augen flossen. Eine Frau kam auf mich zu und strahlte. Sie hatte offensichtlich das Bedürfnis, mir auch ihre Liebe zu schenken. Ich sah in ihre Augen, um Gott dort zu finden. Ich dachte: »Armes Ding! Aber ich lasse mir nicht anmerken, dass ich in deinen Augen keine Liebe finden kann!«

Ich wusste nicht, woran es lag. Also schaute ich noch einmal in die Augen eines anderen. Dort konnte ich Gott sehen, strahlend, lächelnd, mich anlachend. Diese Erfahrung erfüllte mich, bis ich weinte, so stark war die Begegnung mit der Liebe.

Als wir am nächsten Morgen mit dem Workshop begannen, arbeitete Chuck zuerst mit der Gruppe. Wir saßen beide vorne, und als er die Gruppe in eine bestimmte Richtung führte, fiel mein Blick auf die Frau, die genau vor mir saß. Es war die Frau, die mich gestern angelächelt hatte. Und wieder hatte sie dieses erwartungsvolle Lächeln im Gesicht.

Ich sah, dass sie glaubte, mir etwas Außergewöhnliches anzubieten. Ich konnte es jedoch weder sehen noch fühlen. Ich merkte aber, dass sie nicht vor mir säße und ich nicht diese Gelegenheit hätte, mich hier und jetzt damit auseinanderzusetzen, wenn es nicht zu einem bestimmten Zweck geschähe. Also machte ich mich bereit, zu erkunden, was ich im Gesicht, im Herzen und in den Augen dieser Frau erfahren könne.

Als ich sie anschaute, begann ich etwas zu bemerken. Ich bemerkte, dass ihre Augen genauso aussahen wie die meiner Mutter. Als ich in ihre Augen schaute, empfand ich das Gefühl, das ich in Gegenwart meiner Mutter immer verspürte. Langsam hatte ich das Gefühl, mit meiner Mutter zusammen zu sein. Ich konnte meine Mutter riechen, ihre Gegenwart spüren. Es war keine angenehme Erfahrung, sondern äußerst unangenehm.

Ich fasste den Mut, mich tiefer in die Erfahrung zu begeben, mit meiner Mutter zusammen zu sein. Als sie mich aus den Augen dieser Frau anschaute, erkannte ich, dass Gott mich anschaut. Gott schaute mich durch die Augen meiner Mutter an! Es war eine dieser erschreckenden Erkenntnisse – ich sah Gott, nur um zu entdecken, dass Gott meine Mutter war! Plötzlich empfand ich ein schreckliches Gefühl der Schuld und der Furcht. Als ich am Tag zuvor Gott in den Augen der anderen Leute erblickt hatte, waren es Männeraugen. Es fühlte sich an, als blicke Gott durch die Augen meines Vaters.

Es schien, als sei es Gott möglich, mich durch meinen väterlichen Elternteil zu erreichen, aber ich weigerte mich, Gott durch meinen mütterlichen Elternteil zu empfangen. Das spiegelte Vorurteile wider, die ich meiner Mutter gegenüber hatte und die ich noch nicht abgelegt hatte, indem ich sie als Spiegelungen meiner selbst erkannte. Es zeigte mir, welche Last ich noch in meinem weiblichen Teil mit mir herumtrug (jeder Mensch hat eine weibliche und eine männliche Seite in seinem Wesen). Ich erkannte auch, wie wichtig und wertvoll unsere ersten Beziehungen sind, wie sehr wir von unseren Eltern abhängen, wenn wir eine ausgewogene Gotteserfahrung machen wollen.

Als mir das einmal klar wurde, erkannte ich die enorme Wichtigkeit, diesen Prozess mit der Frau vor mir zu durchlaufen. Ich gab mich, so gut ich konnte, den brennenden Gefühlen hin. Lange saß ich so da und quälte mich mit dem Schmerz, Liebe von meiner Mutter entgegenzunehmen, sie als meinesgleichen anzusehen, sie und mich als gleich zu erkennen.

Seit vielen Jahren hatte ich mich der Liebe meiner Mutter mehr und mehr entzogen, um mich an ihr zu rächen für den Kummer in der Kindheit und für das Schuldgefühl, eine schlechte Tochter zu sein. Es war eine besondere Freude und gleichzeitig ein schrecklicher Schmerz, ihre Liebe schließlich doch annehmen zu müssen.

Ich gab mich dieser Erfahrung hin, bis ich nur noch die Freude verspürte, und konnte endlich empfangen, was mir der wissende Gesichtsausdruck dieser Frau schon seit einem Tag angeboten hatte – meine Mutter liebte mich. Sie hatte mich immer nur geliebt. Es war eine große Lehre für mich.

Ein Jahr lang waren wir danach nicht mehr in Frankreich. Als wir dorthin zurückkamen, kam jemand nach unserer Abendvorlesung auf mich zu. Ich schaute den Mann an, aber erkannte ihn nicht. Er kam mir überhaupt nicht bekannt vor. Aber ich konnte sein Herz fühlen und fühlte, dass ich eine Verbindung mit ihm hatte. Ich wusste, dass ich schon einmal mit ihm verbunden war, weil mir ein direkter Weg in sein Herz zur Verfügung stand. Ich fragte jemanden, der zweisprachig war, wer das sei, und man antwortete mir mit großer Freude, dass dies der »kalte Fisch« aus dem Seminar vom letzten Jahr war. Doch dieser Mann war voller Energie, voller Lebensgeist! Er war umwerfend charmant! Er lachte vor Freude und umarmte mich herzlich.

Seitdem habe ich miterlebt, wie viele Leute auf diese Weise wieder zum Leben erweckt worden sind. Ich habe ihr Entzücken und ihr Erstaunen geteilt, als sie aus dem Grab stiegen, das sie sich selbst geschaufelt hatten, und ich habe mit ihnen gelacht, als sich die Heiterkeit Gottes in die Welt ergoss.

Wenn du dich auf die gleiche Stufe mit anderen stellst, kann jeder dein Lehrer sein. Sei bereit, von jedem zu lernen! Erkenne die Wahrheit und die Weisheit in dem, was andere sagen. Jeder hat seinen geistigen Wert. Unterschiede zwischen den Menschen sind vergänglich.

Wie viel Bereitschaft zeigst du, mit anderen auf eine Stufe gestellt zu werden? Du musst andere so sehen wie dich, um

Fortschritte zu machen. Nur so kann dein Licht in der Dunkelheit leuchten ... in der Bereitschaft, mit anderen gleich zu sein, statt etwas Besonderes sein zu wollen.

Immer, wenn du mit anderen im Konflikt stehst, liegt es daran, dass du nicht bereit bist, sie als gleichwertig anzusehen. Übe dich darin, auch diejenigen als gleich anzusehen, die du am stärksten ablehnst.

Der Dreiteiler

Anfang 1990 wurde ich eingeladen, in Taipeh ein Seminar für eine Ausbildungsfirma zu veranstalten. Wenn ich ein Seminar leite, arbeite ich normalerweise nach dem psychotherapeutischen Modell, das Chuck und ich im Laufe der Jahre entwickelt haben, nach der Psychologie der Vision, bei der ich meine eigene Technik und meinen eigenen Stil anwende und ein Thema meiner eigenen Wahl in den Mittelpunkt stelle.

In diesem Fall jedoch wollte die Firma, dass ich unsere Theorien der Psychologie der Vision im Rahmen einer eher konventionellen, traditionellen Ausrichtung, wie Zielsetzung und Zeiteinteilung etc., vermittelte. Die Firma bat um diese besondere Vorgehensweise, weil sie glaubte, das sei ein Angebot, das die Seminarteilnehmer (meist Geschäftsleute aus Taiwan) verstehen und annehmen könnten.

Obwohl ich sicher war, dass ich auch ein Seminar im konventionellen Stil gut halten könne, fühlte ich mich ein bisschen unwohl dabei. Meine persönliche Arbeitsweise ist so radikal weiblich, so intim und emotional, dass ich mich irgendwie befangen fühlte. Die Vorstellung eines Saales voller chinesischer Geschäftsleute, Männer und Frauen, in meinen Augen die Quintessenz undurchdringlicher »Hardliner«, die Verkörperung des maskulinen Geistes in Aktion, gab mir kein gutes Gefühl. Ob sie überhaupt wollten oder schätzten, was ich ihnen geben wollte? Nichtsdestotrotz schnappte ich meine Kinder und brach zu meinem zwölfstündigen Nachtflug nach Taipeh auf. Wir waren gespannt, was Taiwan uns zu bieten hatte.

Die Leute waren reizend, das Essen war köstlich, und meine Kinder mochten ihren Babysitter (den die Taiwanesen drolligerweise als »Babysister« bezeichneten). Meine einzige Schwierigkeit war, dass die Kinder nach wie vor nach Hawaii-Zeit lebten: Sie schliefen, während ich arbeitete, und wollten spielen, wenn ich schlafen wollte.

Das Seminar begann an einem Freitagabend, an unserem zweiten Abend dort. Der Saal füllte sich mit Geschäftsleuten in ihrer typischen Kleidung. Sie wirkten wie eine undurchdringliche Wand. Ein geschniegelter Bursche in einem dreiteiligen Anzug sah besonders unzugänglich aus.

Das Seminar lief gut an. Im Lauf des Wochenendes wurden die Informationen und Theorien gut aufgenommen, und die Veranstalter waren sehr zufrieden – so zufrieden sogar, dass ich es wagte, eine kühne Frage zu stellen. Ich fragte, ob ich den nächsten Morgen, den Vormittag des letzten Schulungstages, dazu benutzen könne, mit der Gruppe das zu machen, was ich wolle. Ohne Zögern stimmten die Veranstalter zu.

Als die Vormittagssitzung begann, erklärte ich der Gruppe, dass ich gruppendynamische Arbeit machen wolle. Ich entließ meinen Dolmetscher (Worte würden nicht nötig sein) und legte Musik auf. Dann zog ich jeden im Raum mit Hilfe meines Herzens in eine vertrauliche Verbindung hinein.

Ich ging durch die Gruppe und blieb ab und zu stehen, um verschiedene Außenseiter und Leute, die sich widersetzten, in den Kontakt mit der Liebe hineinzuziehen. Bald weinten oder schluchzten fast alle; einige schrien auf, als alter Schmerz aus ihnen herausfuhr.

Im Unterschied zu jeder anderen Gruppe, mit der ich bisher gearbeitet hatte, war diese sehr mobil. Jeder hatte seinen eigenen Stuhl, aber weil sie einer Kultur angehörten, in der man es gewohnt war, auf dem Fußboden zu sitzen, saßen sie oft auf dem Teppich. Immer, wenn ich mich hinsetzte, um mit einem Teilnehmer zu arbeiten, huschten auch die anderen dorthin und setzten sich, wie Kindergartenkinder, um uns herum und beobachteten alles, was geschah, sehr genau.

Manchmal brachte mir jemand einen Freund oder Ehegatten, der sich nicht traute, selbst um Hilfe zu bitten. Die Intensität der Liebe im Raum steigerte sich bis zu dem Punkt, an dem sich leicht und schnell Wunder ereigneten. Ich fühlte, dass das Tor zum Himmel offen war. Als die Liebe auch das Herz einer jungen Frau erreichte, die sich an mir festklammerte, aber Widerstand geleistet hatte, fasste mich jemand von hinten an. Ich drehte mich um, um zu sehen, wer den Kontakt suchte, und war erfreut, dass es mein Dreiteiler war.

Er saß zusammengekauert am Boden, seine Augen bescheiden abgewendet. Nur sein Arm war ausgestreckt, und seine Hand berührte mich noch, damit er die Liebe fühlen konnte. »Segne sein Herz«, dachte ich, als ich ihn berührte. Er begann zu schluchzen und dann zu weinen, als sich sein Herz öffnete und die Liebe ihn durchströmte. Ich konnte fühlen, wie Gott ihn durch mich hindurch liebte.

Als Gruppe verblieben wir vier Stunden lang in dieser Liebe und brachen schließlich zum Mittagessen ab. Es ist überflüssig, noch zu erwähnen, dass das Seminar voller Inspiration zu Ende ging. Die Teilnehmer schienen alle eine Leben verändernde Transformation erfahren zu haben.

Als das Seminar beendet war, waren alle so erregt und glücklich, dass sie noch stundenlang im Raum blieben, lachten, spielten und sich umarmten. Eine Umarmung gibt es in der chinesischen Kultur selten, deshalb waren alle ganz begeistert davon. Abwechselnd liefen sie durch den Seminarraum in die Arme des anderen und bildeten mehrstöckige menschliche Pyramiden, die in einer Welle von Übermut zusammenstürzten. Ich musste mir wieder vor Augen führen, dass ihr geschäftsmäßiges Aussehen mich noch vor zwei Tagen ganz verunsichert hatte!

Von allen Äußerungen der Achtung und der Liebe an diesem Abend erfüllte mich die meines Dreiteilers mit der größten Freude. Die Tränen strömten über seine Wangen, und seine Augen strahlten mit neuem Leben, als er mir sagte, er habe das größte Geschenk erhalten: Zum ersten Male konnte er seine eigene Liebe zu seiner Frau und seinen Kindern spüren. Das bedeutete die Welt für ihn.

Niemand ist so selbstständig und unabhängig, dass er sein Herz nicht braucht, Liebe nicht spüren und zum Ausdruck bringen möchte, sich nicht schmerzlich danach sehnt, zum sicheren Gefühl zurückzufinden, vom Himmel beschützt zu werden. Alles das wartet auf dich, wenn du dich mit einem anderen menschlichen Herzen verbindest.

Die Unwiderstehlichkeit der Liebe

Im Sommer 1990 veranstalteten Chuck und ich einen fünftägigen Workshop in den Schweizer Alpen mit dem Titel »Tod und Verwandlung«. Einhundert Leute nahmen daran teil, viele von ihnen Ärzte und Krankenschwestern. Und es waren nicht irgendwelche Leute, es waren Schweizer.

Die Schweizer sind bekannt für ihre Vernunft und ihre Selbstbeherrschung, und diese Gruppe war keine Ausnahme. Alle bemühten sich, ihre Gefühle so weit wie möglich unter Kontrolle zu halten, weil sie vor der fremden Erfahrung des »Sichgehenlassens« Angst hatten. Chuck und ich überhäuften sie mit Informationen, wickelten sie in Liebe ein und ließen sie schmoren.

Am Morgen des zweiten Tages explodierten sie. Der Dampfkochtopf des Workshops hatte sie bis zu dem Punkt weich gekocht, an dem selbst ihre Reserviertheit den Durchbruch nicht mehr verhindern konnte. Ich hatte in meinem Inneren ihren Widerstand bearbeitet, ihn ausgelöscht, ihre Angst überwunden und das Zentrum des Gruppengeistes erreicht. Als dieser Punkt erreicht war, schrien einige laut auf, als ihr verborgener Schmerz an die Oberfläche kam. Viele weinten. Fast jeder empfand etwas Außergewöhnliches.

Seit dieser Zeit war der Workshop aufregender und lebendiger. Die Teilnehmer konnten sich selbst erfahren und Teile ihres Wesens entdecken, von denen sie vorher nichts wussten. Sie deckten Erinnerungen, Gefühle und Empfindungen auf, die sie lange vorher verdrängt hatten. Aber es gab einen Mann, den ich nicht erreichen konnte; er hatte sich selbst zum »Miesmacher« ernannt. Ich will ihn Emil nennen. Er war immer pessimistisch, deprimiert und überzeugt, dass das Leben die Enttäuschungen, die er in seiner Kindheit erlitten hatte, nie wiedergutmachen könne.

An einer Stelle unterbrach ich den Workshop regelrecht, um Emil zu erreichen, ihn hineinzuziehen und Kontakt mit ihm zu bekommen. Aber er schaffte es nicht, er wollte nicht. Er war in seiner Ansicht über das Leben so festgefahren. Er suhlte sich zu sehr in seinem Leid.

Ich gab auf und ließ ihn, wie er war, hatte aber noch die Hoffnung, dass die Liebe, die sich über ihn ergossen hatte, darauf wartete, von ihm aufgenommen zu werden. Ich wusste, dass sie ihn an irgendeinem Punkt widerstandslos werden ließ.

Der Workshop lief weiter mit Höhen und Tiefen, lustigen und besinnlichen Augenblicken. Alle Anwesenden fanden zu einer engen Gemeinschaft zusammen. Schließlich war der größte Widerstand der Workshop-Teilnehmer beseitigt. Wir erreichten im Gruppenbewusstsein einen Punkt, an dem die Teilnehmer in der Vergangenheit resigniert und einen emotionalen Tod erlitten hatten. Diese leblosen Teile waren wohlbehütet und wurden verteidigt. Zwischen meinem Bewusstsein und diesen bildlich »toten Stellen« lag ein Meer von Verlusten, Ärger, Vereinsamung und Trägheit. Äußerlich war ich scheinbar nicht aktiv, aber in meinem Inneren wühlte, arbeitete und glühte es. Ich grub mir einen Weg zu der Leblosigkeit.

Endlich erwachte die Teilnehmerin, deren Bewusstsein am leichtesten erreichbar war, weil es der Oberfläche am nächsten war. Ihr Widerstand zerfiel. Sie war erreichbar, und sie begann, die Liebe zu fühlen. Der Gruppengeist fand den Durchbruch auf eine Bewusstseinsebene, auf der es der Liebe möglich war, die Herzen der Teilnehmer zu reinigen und empfangen zu werden. Als das Gruppenbewusstsein umschlug, begannen viele zu weinen, und ihre Herzen wurden frei.

Die Teilnehmer erfuhren die Klarheit des wirklichen Erwachens. Als immer mehr von ihnen sich ihren Gefühlen überließen, fand eine Veränderung statt, und wir konnten das Licht am anderen Ende des Tunnels sehen. Wir fühlten, wie die Liebe unsere Herzen füllte, Liebe, die aus einer göttlichen Quelle zu uns herniedersank! Die Herzen füllten sich bis zum Überfluss. Zunächst waren es eins, dann zwei, drei, vier … immer mehr Gesichter öffneten sich in Verwunderung. Die Menschen spürten die Liebe, sie spürten das Entzücken und empfanden Glückseligkeit. Und diese vernunftbetonten, kontrollierten, kühlen Menschen sprangen auf, tanzten, umarmten die Leute um sich herum und wussten kaum, wie sie ihrer Freude Ausdruck verleihen sollten. Der Himmel war so nahe und hatte sich eine solche Hochburg geschaffen, dass es nichts gab, was nicht erfüllt wurde. Wir konnten alles erreichen. Niemand konnte dieser Liebe widerstehen – sie war überwältigend.

Ich schaute von der Frau auf, die die Wandlung ausgelöst hatte. Von der anderen Seite des Raumes schaute Emil mich an. Noch einen kleinen Stoß für sein Herz … und er lächelte, dann lachte er, weil er wusste, das Spiel war aus. Er wusste, dass er sich der Liebe nicht länger entziehen konnte. Er und ich standen gemeinsam auf und gingen in die Mitte des Raumes, streckten die Arme nach uns aus und weinten vor Freude. Erfüllt mit Dankbarkeit, verspürten wir auch den Dank der Engel. Jeder fühlte unser Entzücken. Der Himmel öffnete sich viele Male während dieses Workshops und schenkte uns jedes Mal unbeschreibliche Zärtlichkeit, Glück und Vertrautheit. Diese Ströme der göttlichen Gnade sind für mich die eindrucksvollsten Erlebnisse. In solchen Augenblicken empfinde ich die größte Demut und die höchste Erhabenheit.

Im folgenden Sommer kamen wir zu einem zehntägigen Seminar mit dem Titel »Das Wunder der Liebe« in die Schweiz zurück. Das Seminar war, seinem Titel entsprechend, vom Anfang bis zum Schluss außergewöhnlich. Die tiefe und reiche Gegenwart der Liebe begleitete uns vom ersten Augenblick an, als wir vor der Gruppe standen. Während meiner Sitzungen gelang es den meisten Teilnehmern, im Frieden mit sich selbst im Strom der Liebe und Gnade zu sitzen, da ihre verdrängten Probleme und Empfindungen freigesetzt und bewältigt wurden.

Ich merkte, dass viele diesen Prozess, alten Schmerz freizusetzen und in der Liebe davon erlöst zu werden, innerhalb weniger Minuten oder sogar in Augenblicken durchlaufen konnten. Selbst diejenigen, die noch zu kämpfen hatten und ihre Gefühle schwieriger freisetzen konnten, wurden leicht mitgezogen. Das ganze Seminar war ein Wunder.

Emil nahm auch teil und arbeitete hervorragend mit. Er erfuhr mehrere Durchbrüche in der Beziehung zu seinem Vater, seiner Mutter und vielen anderen. Mit jedem Tag wurde er glücklicher, geselliger, heiterer und zuvorkommender.

Am Ende des Seminars bedankte er sich bei uns allen für unsere Unterstützung und beschrieb mit ehrfürchtiger Stimme, wie er sich verändert habe. Er fühlte nicht nur seine eigene Liebe zu uns allen, sondern konnte auch die deutlich spürbare Liebe jedes Einzelnen empfinden. Er hatte den Gesichtsausdruck eines Menschen, der erwachte und sich im Himmel wiederfand.

Der Himmel ist wirklich! Er ist deine eigentliche Wirklichkeit. Alles, was du tun musst, ist, ihn anzuerkennen, deinen Weg dorthin zu erspüren und ihn als Teil deiner selbst zu empfangen. Um im Himmel zu leben, musst du bereit sein, dich in vielem geirrt zu haben – darin, wer du bist, wie sehr du geliebt wirst, und im Sinn deines Lebens. Gib auf! Das Spiel ist aus!

Durch das weibliche Prinzip in dir nimmst du auf. Das ist bei Männern und Frauen gleich. Das Weibliche ist das Medium für Gnade, Heilung, Verbundenheit und Liebe. Ohne das weibliche Prinzip ist das Leben unerfüllt, hohl und leer.

Jeder Mensch braucht eine weibliche Hälfte, weil das weibliche Prinzip dich zum Himmel zurückführt und dich lehrt, wie du Gottes Fürsorge empfangen kannst.

Schwarz und Weiß

Als ich aufwuchs, wurde das Weibliche noch abgewertet. Die Bezeichnung »weibisch« war eine Beleidigung. In dieser Beziehung, waren die letzten Jahre interessant. Kulturen, die über Tausende von Jahren alles Maskuline hoch geschätzt und dem Femininen misstraut und es herabgesetzt haben, erfahren einen Umsturz, da das Pendel ins Gleichgewicht zurückzuschwingen beginnt.

In den letzten Jahren begann unsere Gesellschaft, das Weibliche wieder aufzuwerten. Auf der geistigen und psychologischen Ebene bietet uns das große Möglichkeiten zur Entwicklung, zur Äußerung und zur Erfüllung. Männer und Frauen erkennen, dass sie unvollständig und unausgewogen sind, wenn sie ihre weibliche Natur nicht entwickeln und nicht zum Ausdruck bringen. Interessanterweise war ja das Weibliche vielleicht das erste Verständnis von Gott, das die Menschheit hatte. Im größeren Teil der Menschheitsgeschichte wurde Gott als ein weibliches Wesen verehrt. Nur in den letzten paar tausend Jahren stellt sich der größte Teil aller Kulturen Gott als männliches Wesen vor. Manche Kulturen verehren immer noch eine weibliche Gottheit oder beten weibliche und männliche Gottheiten an. Die Religion der Hindus erkennt das weibliche Prinzip Gottes an und verehrt die Gottheit in Form der Großen Mutter und anderer weiblicher Gottheiten.

Die feministische Bewegung, die als soziale Bewegung begann und sich zu einer politischen Bewegung entwickelte, hat sich jetzt (zumindest in einigen Bereichen) zu einer spirituellen Bewegung entwickelt, in der Frauen den weiblichen Aspekt Gottes, die »Göttin«, wiederentdecken und sich auf sie beziehen. Einmal sah ich einen Autoaufkleber, der für mich sehr provozierend, aber auch großartig war: »Gott kommt bald – aber wie besoffen ist sie!«

Die moderne maskuline Religion hat sich teilweise vielleicht als Reaktion auf die mächtigen feministischen Religionen entwickelt, die vorher bestanden. Genauso wenig akzeptieren die Verehrer einer weiblichen Gottheit das männliche Prinzip in Gott. Sollte ein Schöpfer nicht logischerweise beide Prinzipien enthalten, wenn wir getreu seinem/ihrem Ebenbild geschaffen sind?

Ich weiß, dass Martin Luther an einen weiblichen Aspekt in Gott geglaubt hat, dieses Weibliche in seinem Entwurf des Protestantismus aber nicht berücksichtigt hat, weil er überzeugt war, dass Moslems niemals zu einer Religion mit einer weiblichen Gottheit konvertierten. Sicher muss eine Religion, die von einem Vater und einem Sohn lehrt, auch eine Mutter als notwendiges Glied der Gleichung in Erwägung ziehen.

Ich schätze es besonders, wenn im Verlauf meiner Workshops auch ein Heilungsdurchbruch für mich persönlich erfolgt. Eine solche Gelegenheit war ein Workshop für Frauen, den ich 1989 unter dem Titel »Das Erwachen der Göttin in uns« veranstaltete. Viele Frauen unserer westlichen Kultur waren zu dieser Zeit an diesem Thema sehr interessiert. Am selben Wochenende errichteten auf der anderen Seite der Erde radikale Studenten auf dem Tianamen-Platz ihre Göttin der Freiheit.

Eines meiner Ziele für dieses Training war, die Frauen darin zu unterstützen, mit der weniger akzeptierten Seite ihrer Natur vertraut zu werden und sich darin wohl zu fühlen – die Qualitäten zu erkennen, auf die unsere Kultur herabblickt, die aber integrierende und notwendige Komponenten des weiblichen Geistes sind, Qualitäten, die als klassische weibliche Domänen anerkannt werden: Geburt, Tod, Sexualität, Leidenschaft, Erhalten, Zerstören, Dunkelheit und die Fähigkeit, zu empfangen und aufzunehmen.

Man brachte uns bei, unsere Aggressionen, Leidenschaften und sexuellen Bedürfnisse zu unterdrücken. Ich hoffte von ganzem Herzen, dass das Seminar uns die Freiheit geben möge, diese Seiten unseres Wesens neu oder zum ersten Male zu erleben. Es klingt seltsam, aber Aggression ist eine unverzichtbare Komponente bei der Entwicklung der Fähigkeit, Bindung und Vertrautheit aufzubauen, und alle diese »dunklen Qualitäten« sind notwendige Aspekte unseres Menschseins.

Das Seminar begann mit einem enormen Grad der Verbundenheit, obwohl die meisten Frauen zum Ausdruck brachten, dass sie sich in der alleinigen Gesellschaft anderer Frauen unwohl fühlten. Viele sagten, dass sie normalerweise solche Zusammenkünfte zu meiden versuchten. Sie mochten die Gesellschaft von Frauen nicht, weil sie ihnen nicht vertrauten, sich nicht sicher fühlten, sie nicht leiden konnten. Trotzdem fühlten sie sich unwiderstehlich zu diesem Seminar hingezogen. Es gab auch einen ziemlich hohen Anteil von lesbischen Teilnehmerinnen, die oft in Gesellschaft von Frauen waren, aber selten von »normalen« Frauen. Es war insgesamt eine Gruppe, zu der man leicht Zugang fand, eine Gruppe, die man leicht erfühlen konnte. Schon bald waren wir von einem gemeinsamen Bewusstsein umhüllt, und wir begaben uns tief, tief in unsere Gedanken hinein, tief hinein ins Feminine. Die Frauen »platzten«. Gefühle kamen schnell an die Oberfläche und wurden freigesetzt. Mitgefühl ergoss sich aus unseren Herzen – wir heilten, verziehen und liebten.

Am Morgen des zweiten Tages nahm uns eine besonders begabte und fortgeschrittene Teilnehmerin auf eine abenteuerliche Reise in den femininen Geist mit. Sie beschrieb zunächst ein Gefühl der Schwärze und der Dunkelheit, wie in einer Höhle in ihrem Inneren. Sie fürchtete sich, alleine dort hineinzugehen, nahm uns aber alle bewusst mit in die Höhle hinein. Als wir hineingingen, fühlte sie, wie der Boden dieser Höhle sich öffnete, sie hinabfiel und zu ihrem Entsetzen auf einem Berg aus Knochen und Asche landete. Ich spürte, dass etwas Übernatürliches auf uns wartete, und fragte sie, ob wir den Boden des Krematoriums entdeckt hätten.

Die Frau hatte genug religiöse und spirituelle Erfahrung, um zu verstehen, was ich meinte. Sie sagte uns, sie befinde sich auf der Ebene des Geistes, die die Domäne der Dunklen Göttin sei. Als sie sich der Erfahrung der reinen und absoluten Leere des Krematoriumbodens öffnete, nahm die Große Mutter selbst Besitz von ihr.

Eine Woge von Adrenalin und ein Gefühl des Mysteriösen beherrschten mich und verliehen mir eine Gänsehaut am ganzen Körper. Es war ein fast zu schönes, zu überwältigendes, beängstigendes Gefühl. Trotzdem ergriff ich die Gelegenheit.

Ich dunkelte das Licht ab, legte schaurig-schöne »Unterwelt«-Musik auf und teilte der Gruppe mit, dass wir mit einem Ritual begännen. Es sollte ein Ritual sein, das wir selbst schufen, ganz persönlich und individuell. Ich wollte für ihre Sicherheit hier und jetzt garantieren. Sie konnten alles tun, was sie wollten, wonach sie sich fühlten, alles, was ihnen in den Sinn kam, jedoch ohne sich oder andere zu verletzen. In der halben Stunde, die folgte, ließen die 75 Frauen kulturell festgelegte Barrieren hinter sich und erfuhren die Wildheit und Schönheit heftiger Gefühle. Sie verkörperten Leidenschaft, Aggression, Stärke.

Einige hüpften und stampften, einige sangen und tanzten, andere drehten sich im Kreis, schrien, brüllten oder lachten. Ich genoss diesen Anblick; es war ein erhebendes und anregendes Gefühl. Ich saß vorne im Raum, hatte jede Teilnehmerin in mein Bewusstsein eingeschlossen und erlebte in meinem Inneren alles mit. Und mit Tränen tiefster Demut und Dankbarkeit bot ich dem Himmel dieses Ritual, diese Verehrung als Geschenk für die Göttin an. Vielleicht war sie seit Tausenden von Jahren nicht mehr so gefeiert worden.

Gerade als ich vor meinem geistigen Auge das Geschenk emporhob, um es der Göttin darzubringen, wurde ich befangen. Ich war blind vor Angst. Ein alter, halbvergessener, aber noch mächtiger Glaube ergriff mich. Ich opferte diese Erfahrung der Göttin, derselben Göttin, die Dionysos als Begleiter hatte, denselben Dionysos, der später von der jüdisch-christlichen Philosophie verteufelt wurde.

Was wäre, wenn ich fehlgeleitet wäre? Was wäre, wenn dieser Akt der weiblichen Auferstehung in Wirklichkeit nichts anderes als Teufelsverehrung wäre? Was, wenn ich unrecht hätte und eine böse Macht mich verführt hätte, diese Unschuldigen ins Verderben zu führen?

Ich war unsicher und in diesem Dilemma gefangen. Die Lage zwang mich zum Handeln und brachte den Konflikt, die kognitive Dissonanz, in mein Bewusstsein. Ich musste die Wahrheit herausfinden! Alles, was mir zu tun einfiel, war, diese Frage zu erfühlen. Ich vertraute darauf, die Wahrheit irgendwie fühlen zu können, die Antwort zu erspüren. Und als das gelang, konnte ich nur Heilung und Befreiung und liebende Reinheit vor mir sehen.

Ich erhielt die Antwort: Was diese Frauen taten, war echt. Es war ehrlich, wirklich, es stärkte sie. Sie hatten einen Bereich ihres menschlichen Bewusstseins zum Leben erweckt und zum Ausdruck gebracht, der vorher verurteilt und verleugnet war. Diese Erkenntnis durchbrach eine Membran, die mich seit langer, langer Zeit eingeschlossen hatte. Ich brachte mein Geschenk weiter dem Himmel dar. Und als ich es freigab, geschah etwas Gewaltiges mit mir. Mein Geist stand still. Etwas zerbrach. Ich fühlte einen Zerfall.

Ich konnte spüren, wie der Glaube an richtig und falsch, gut und böse, schwarz und weiß, männlich und weiblich zerbrach und durcheinandergeriet. Die Teile zitterten und vibrierten ineinander. Eine Integration und Heilung geschah auf einer tieferen Ebene meines Geistes. Gut und böse existierten nicht mehr als separate Mächte. Jetzt erfuhr ich Einheit und Ganzheit, wo vorher Zweiheit und Trennung herrschten.

Die Frauen liebten das Ritual. Viele machten eine unmittelbare Erfahrung der Göttin in ihnen. Viele haben ihren Sinn für Macht und Leidenschaft wiedergefunden. Ich glaube, jede Frau hat ein neues Verständnis von Freiheit und Selbstakzeptanz gewonnen. Das einschneidendste Ergebnis des Seminars war die Transformation einer Gruppe von Frauen, die sich anfangs nicht leiden konnten, zu einer Gruppe von Feministinnen (nach meinem Verständnis des Begriffes): Frauen, die Frauen lieben.

Empfangen

Vor kurzem hatten Chuck und ich die Ehre, bei der standesamtlichen Trauung zweier unserer liebsten Freunde, Alma und Rony, Trauzeugen zu sein. Es sind Menschen, die so liebenswürdig, gut und strahlend sind, dass sie ohne Zweifel »Engel ohne Flügel« sind. (Ich übernehme diese Bezeichnung von Alma, die es sich zur Lebensaufgabe gemacht hat, Heilige unserer Tage zu finden und zu filmen. Sie sind ein deutlicher Beweis für die Gültigkeit des Sprichwortes *Nur wer sie kennt, kann sie erkennen*.)

Alma und Rony wollten später in Südfrankreich eine riesengroße Hochzeit feiern, aber wir konnten an ihrer kleinen, intimen standesamtlichen Feier in London teilnehmen. Danach gingen wir alle zusammen in ein reizendes Lokal mit köstlicher Küche und nahmen an einem großen Tisch in einem separaten Raum Platz. Ich saß links neben dem Bräutigam, aber ich kannte die anderen Trauzeugen noch nicht, die neben mir und mir gegenüber saßen.

Es war eine schöne Feier, und die Gnade floss wie der gute Wein, der ausgeschenkt wurde. Der junge Mann links von mir war eine interessante Persönlichkeit. Er war intelligent und erfolgreich, aber als wir miteinander sprachen, wurde mir klar, dass er nur wenig Glück im Leben gehabt hatte. Er schien mit sich selbst unzufrieden und unerfüllt zu sein. Ich konnte seine Bedürfnisse und seine Einsamkeit spüren, und ich beschloss, da der Strom der Gnade so greifbar war, für ihn etwas davon zu empfangen.

Gelegentlich legte ich meine Hand auf seinen Rücken, während ich mich mit dem reizenden Paar mir gegenüber unterhielt. Bald nahm er lebhaft an der Unterhaltung teil, ja übernahm sie sogar. Er lenkte das Gesprächsthema auf die Bedürfnisse von Männern. Er behauptete, das Leben eines Mannes bestehe aus der ständigen Suche nach der großen Brustwarze zum Saugen. Er verwickelte den Bräutigam in eine Diskussion und suchte Bestätigung – ob er nicht mit ihm übereinstimme? Der Bräutigam war schockiert, nicht so sehr aus verständlichen Gründen, sondern weil sein Freund gar kein Frauenliebhaber war. So etwas hätte er von ihm nie erwartet.

Das Gespräch nahm einen anderen Verlauf, aber ich hörte nicht auf, die Gnade und Liebe in das Herz des jungen Mannes zu lenken. Nach einer Zeit hörte er auf zu sprechen und saß einfach mit einem etwas verlegenen Lächeln da.

Dann beugte sich dieser Mann, der eigentlich noch ein Junge war, herab und legte seinen Kopf auf meinen Schoß. Sein Gesicht hatte den glückseligen Ausdruck himmlischer Zufriedenheit. Da ich ja wohlwollend mit ihm verbunden war, empfand ich es als völlig natürlich.

Bald wurde der erste Gang serviert. Der junge Mann setzte sich auf, und meine Aufmerksamkeit konzentrierte sich jetzt mehr auf die ganze Gruppe. Das Heilige in der Beziehung zwischen Alma und Rony war ein Segen! Was für eine Ehre und Freude war es, bei ihnen zu sein! Wir hatten jedoch erst am nächsten Abend die Gelegenheit, mit ihnen und einem

Freund aus London, Michael, etwas Zeit zu verbringen. Als wir den vergangenen Tag mit all seinen Freuden noch einmal Revue passieren ließen, amüsierten sich Alma und Rony darüber, wie deplatziert der Kopf ihres Freundes auf meinem Schoß beim Hochzeitsessen ausgesehen habe. Es habe so gänzlich seinem Naturell widersprochen! Außerdem hatte Rony den Freund an diesem Morgen getroffen; er war immer noch so glücklich, als schwebe er auf Wolken.

Ich glaube, es stimmt, was dieser junge Mann im Lokal gesagt hat. Ich glaube, dass der weibliche Aspekt in uns, besonders wenn er von einer Frau verkörpert wird, dazu bestimmt ist, den Nektar der liebenden himmlischen Gnade zu empfangen. Sobald das Weibliche sie im Überfluss empfangen hat, kann die Süße dieser Gnade in einem Strom von Energie geteilt werden, der auf einer symbolischen Ebene mit dem Strom der Muttermilch verglichen werden kann. Es ist eine Art des Stillens, das das Bedürfnis des Kindes in uns nach der Mutter befriedigt.

Insofern sehe ich eine Mutter als die Mitte der Familie an, als die Quelle der stillenden Fürsorge und Geborgenheit für Mann und Kinder. Niemand ist beliebter als »Mama«, wenn sie dieses menschliche Grundbedürfnis erfüllen kann. Ich habe in Seminaren Frauen kennengelernt, die diese Fähigkeit, »für andere zu empfangen«, instinktiv erfasst haben. In ihren frühen Beziehungen hatten sie das Geschenk des heilenden Nektars oft angeboten, um es später zu verschließen, aus Angst, lebendig »aufgefressen« zu werden. Ihre Dankbarkeit dafür, diesen Kanal wieder öffnen zu können, war groß.

Es ist für eine Frau eine tiefe Befriedigung, wenn sie anderen Menschen diese köstlich-süße Energie weitergeben kann.

Für mich ist das ein wichtiger Gesichtspunkt des Liebesaktes. Der feminine Aspekt bewirkt ein so aufregendes und verführerisches Lustgefühl, dass das Paar in Verzückung versetzt wird.

Die Fähigkeit, Gnade zu schenken, soll jedoch nicht auf Frauen beschränkt werden. Chuck, der wahnsinnig männlich ist, versteht sich selbst als »Gehilfen der Großen Mutter«. Viele Männer, die mit meinen Theorien am intensivsten vertraut sind, sind stolz auf ihre Männlichkeit. Sie können ihr Herz und ihren Geist mit dem gleichen Entzücken füllen wie ich und es den Menschen schenken, nach denen sie ihre Hand ausstrecken. Es ist herrlich, sie als Mitarbeiter bei unseren Seminaren dabeizuhaben: Es sind Herzen, Augen und Hände, durch die der Himmel tätig werden kann – es sind Engel ohne Flügel im Dienste der Großen Mutter.

Dein Herz sehnt sich danach, in Gnade und Liebe zu wachsen. Mögen die Gaben des Lebens dich nähren und erfüllen und sich zum Wohle aller in die Welt ergießen!

Wenn du Gottes Liebe erfahren hast, wirst du keinen Unterschied mehr zwischen dir und jemand anderem sehen. Nationalität, Rasse, Kultur, soziale Schicht, Geschlecht, sexuelle Neigungen, Alter, Intelligenz, äußere Erscheinung – all das wird unbedeutend werden.

Solche Unterscheidungsmerkmale sind nur eine dünne Oberflächenschicht, die die unergründliche Tiefe unseres Einsseins umhüllt. Gott wohnt im Herzen jedes Menschen; wir sind alle gleich. Schließe alle Menschen ohne Ausgrenzung in deine Liebe ein – alle lebenden, fühlenden Wesen –, so dass du andere erwecken kannst, die Eine Wirklichkeit zu finden, die uns alle erhält und vereint.

Lass Mauern einstürzen!

An einem Wochenendseminar an der pazifischen Westküste nahm eine Reihe von Indianern teil. Eine Gruppe von 30 Teilnehmern war acht Stunden mit dem Bus angereist. Sie hatten Mut bewiesen zu kommen, und es war nicht leicht für sie, dabei zu sein.

Während der Einführung am Freitagnachmittag bezog ich mich auf einen ausgefallenen ostindischen Ausdruck; ich denke, ich hatte ihn im Kopf, weil wir ein paar Tage zuvor in London mit indischen Freunden zusammen waren und der Begriff gut zu dem passte, was ich sagen wollte. Unglücklicherweise nahmen die Indianer an, ich meinte sie, lenkte die

Aufmerksamkeit der anderen damit auf sie und verwendete auch noch einen politisch falschen Terminus. (Anmerkung: Es handelt sich um die Bezeichnung *Indians* für Inder und Indianer. Letztere sollten korrekterweise als *First Nation people* oder *Native Americans*, also als Ureinwohner Amerikas, bezeichnet werden.)

Am Samstagmorgen wartete die Busgruppe vor dem Seminarraum und weigerte sich, hereinzukommen. Ich unterbrach das Seminar, um mit ihnen zu reden, und mit Gottes Hilfe entschlossen sie sich nach vielen Debatten, für fünf Minuten in den Raum zurückzukommen und mir die Gelegenheit zu geben, das Missverständnis aufzuklären. Ein junger Mann war bei diesem Entscheidungsprozess besonders ausschlaggebend. Nachdem sie meine Erklärung gehört hatten, standen sie alle auf und verließen den Raum. Zwanzig Minuten später kamen alle bis auf drei wieder zurück.

Während des Seminars am Nachmittag strömte die Liebe. Die Arbeit fiel leicht. Als der Zeitpunkt günstig war, dem jungen Indianer in die Augen zu schauen, konnte ich fühlen, wie die Liebe ihn mit großer Macht ergriff. Sein Gesicht zeigte den Ausdruck höchsten Erstaunens, und er lächelte mich verwirrt an. Das machte mich sehr glücklich.

Es war ein wunderbarer Workshop; die Anglo-Amerikaner freuten sich sehr über die Teilnahme der Indianer – besonders, da wir sie ja fast verloren hätten! Ein älterer Mann, der über sich scherzte, als Indianer von Beruf Cowboy zu sein, erzählte uns, dass er seine Familie durch seine (nun abnehmenden) Alkoholprobleme verloren habe. Seine Mitteilungen und der darauf folgende Heilungsprozess gingen uns alle nahe.

Am Sonntagnachmittag musste die Busgruppe früh zu ihrer langen Heimfahrt aufbrechen. Als Chuck damit begonnen hatte, sie zu verabschieden, erhob sich der junge Indianer und bat um ein Mikrofon. Hier folgt eine Niederschrift seiner Worte:

»Als ich klein war, waren mein Vater und meine Mutter oft betrunken, und deshalb habe ich niemals Liebe verspürt. Ich wusste nie, was Liebe ist. Ich ging in die örtliche Schule für Indianer. Ich wurde dauernd für etwas geschlagen, das ich nicht getan hatte. Ich wurde in vieler Hinsicht erniedrigt, und wieder habe ich nie Liebe verspürt. Als ich die Schule verließ, bin ich auf die Straße gegangen, weil ich keine Liebe kannte. Vier Jahre meines Lebens schlief ich in dunklen Gassen und ernährte mich aus Mülltonnen. Ich trieb mich mit Typen aus Banden herum. Wir kämpften, stahlen, machten alles gemeinsam – darin lag meine Stärke. Aber jedes Mal, wenn ich raus wollte, kriegte ich von den Kerlen, von denen ich annahm, sie seien meine Freunde, eins drauf.

Alles, was ich mein ganzes Leben lang wollte, war, irgendwohin zu gehören. Ich wollte ein Zuhause, wo es Liebe gab, und ich habe immer wieder in meinem Leben versucht, dazuzugehören, akzeptiert zu werden, Liebe zu finden.

Liebe habe ich nie gefunden. Akzeptiert war ich selten. Ich kenne die Wände, die jeder um sich herum aufgebaut hat. Ihr kennt uns hier alle (er zeigt auf seine Gruppe), und ihr wisst, es war schwer für mich. Als ich hierher kam, war ich wirklich sehr skeptisch und dachte, ihr wäret alle total beschissen.

Doch seit meiner Ankunft erlebte ich eine Veränderung in meinem Herzen. Gestern fingen wir noch mit äußerst gemischten Gefühlen an. Ich gehörte zu denen, die abfahren wollten. Aber weil deine Frau um eine Chance bat … auf der

Straße wollte ich immer nur eine Chance haben, zu beweisen, wer ich war.

Als gelernter Zimmermann weiß ich, wie man Wände mit dem Hammer niederreißt, und wenn man es schnell machen will, müssen Zimmerleute als Team zusammenarbeiten. Die Wände, von denen ich jetzt spreche, sind geistiger Natur, und wir müssen uns zusammenschließen.

Ich habe jetzt einen Schimmer davon, was Liebe wirklich ist. Ich habe mich umgeschaut. Ich bin jetzt mit meiner Frau (sie saß neben ihm) seit 13 Jahren zusammen und seit 8 Jahren verheiratet. Wir haben manch schwere Zeiten hinter uns, und ein Grund, warum ich kommen wollte, war, den Versuch zu unternehmen, unsere Beziehung zu festigen. Ich habe immer etwas im Leben vermisst. Die Teilnahme an diesem Workshop hat mir gezeigt, dass das, wonach ich wirklich gesucht habe, immer in meiner Nähe lag.

Anstatt durch die Städte zu reisen, verschiedenen Gruppen anzugehören und sich immer darum zu bemühen, angenommen zu werden … (Er wurde von Gefühlen übermannt und konnte kaum sprechen). Es fällt mir jetzt sehr schwer.

Ich habe immer gesagt, ich ließe niemanden in mein Inneres, denn jedes Mal, wenn ich meine Gefühle gezeigt habe, bin ich verletzt, getreten und gedemütigt worden. Ich habe ein paar Leuten gesagt, dass ich nie weinen werde, dass nie jemand erfahre, wann es wehtut. Niemand sollte wissen, wann es mir dreckig ging; niemand sollte mich weinen sehen. An diesem Wochenende habe ich geweint, als ich die Liebe in diesem Raum spürte.

Die meisten Leute kenne ich noch nicht einmal, habe sie vorher nie gesehen. Aber es gibt Gesichter hier, die mich an Menschen erinnern, mit denen ich zusammen war, mit denen ich gelebt habe und etwas gemeinsam hatte. Was ich sagen möchte, ist, dass wir als Menschen zusammenarbeiten müssen – *ohne* Unterscheidungen nach Nationalitäten. Wir haben schon gesehen, was Völker sich gegenseitig antun können, wenn ein Volk versucht, die anderen zu unterdrücken. Ich möchte daran glauben, dass ich ein Mensch wie jeder andere bin. Wir alle ziehen morgens Unterhosen, Socken und Schuhe an, wir alle machen Liebe auf die gleiche Weise. Alle haben wir Geschwister, eine Mutter und einen Vater. Wir sollten uns alle als Menschen sehen und unser Herz und unsere Seele aufschließen, denn alles, was ich an diesem Wochenende tun musste, war, mein Herz und meine Seele zu öffnen.

Wie ich schon sagte, war ich skeptisch, und jetzt sehe ich die Dinge von einer anderen Seite, weil ich die Liebe fühle, die ich in diesem ganzen Raum gespürt habe. Auf der Straße habe ich das nie gefunden, und, ach … das ist einfach zu schwer. (Er kämpfte mit sich, um weitersprechen zu können.)

Ich möchte nur jedem von euch Dank sagen, besonders dir, Chuck, und deiner Frau, weil ihr mir bewiesen habt, dass die Liebe in uns und um uns ist – wir müssen nur unser Herz und unsere Seele öffnen, um sie zu empfangen.«

Chuck sagte zu ihm, es gebe noch eine Sache, die er tun könne, bevor er abfuhr, und die die Beziehung zu seiner Frau festige, wenn er es wirklich möchte; es nehme nicht viel Zeit in Anspruch. Der junge Mann stimmte zu, und Chuck lud ihn und seine Frau ein, in die Mitte des Raumes zu kommen (die Stühle waren in U-Form angeordnet). Chuck setzte sich mit dem jungen Mann an das eine Ende des U und platzierte die Frau neben mich ans andere Ende.

Dann fragte Chuck den Mann, welche beiden Menschen in diesem Raum ihn an seine Eltern erinnerten – nicht unbedingt vom Aussehen, aber durch seine gefühlsmäßige Bindung an sie.

»Ich muss sagen, das sind Menschen, die ich sehr gut kenne. Die Person, die meine Mutter spielen könnte, ist nicht anwesend, es ist unsere Leiterin, Mildred Swan. Sie hat gestern hier gesprochen.« (Sie war an diesem Tag überhaupt nicht im Seminarraum). »Und meinen Vater soll George darstellen.« (Das war der »Cowboy-Indianer«.)

Genau in diesem Moment öffneten sich die großen Schwingtüren mit einem lauten Geräusch, und Mildred platzte herein (ein Zeichen des Himmels). Sie war gekommen, um ihrer Gruppe zu sagen, dass der Bus startklar war.

Chuck erklärte ihr, dass wir gerade etwas täten, um die Beziehung zwischen einem Ehemann und seiner Frau zu heilen – sie auf eine neue Ebene der Liebe zu heben. Ob sie und George helfen könnten? Sie willigten ein, und Chuck setzte sie in die Mitte des U.

Dann wandte sich Chuck an den jungen Mann und sagte ihm, dass die schmerzhafte Überzeugung, immer unabhängig sein zu müssen, immer alles alleine machen zu müssen, weil seine Eltern nie für ihn da waren, zwischen ihm und seiner Frau stehe. Das habe ihm geholfen, auf der Straße zu überleben, aber jetzt verhindere es die Nähe zu seiner Frau. Eine Stimme in ihm sage: »Ich brauche sie überhaupt nicht«, und der Rest in ihm sage: »Ich brauche sie sehr.« Es sei, als trenne ihn eine unsichtbare Wand von seiner Frau.

Chuck erklärte, wenn jemand sich darüber beklage, dass seine Eltern ihm nichts gegeben hätten, sei das deshalb, weil derjenige geboren wurde, um seinen Eltern genau das zu geben. Aber wenn Kinder in eine Familie geboren werden, in der dieses gewisse Etwas fehlt, dann neigen sie dazu, sich aufzugeben, statt es zu schaffen ... so, wie er sich auch aufgegeben hatte. Das Geschenk, das er seinen Eltern immer machen wollte, könne er ihnen noch machen, durch ein Ritual, das er mit diesen Helfern darstellen könne. Er könne ihnen in die Augen schauen, Frieden mit ihnen schließen, ihnen verzeihen und sie in Liebe und Gnade aufnehmen. Dann, nachdem er ihnen geholfen habe, könne er sie zu seiner Frau führen, als Hilfe statt als Hindernis für ihre eigene Beziehung. Als Nächstes könne er in die Augen seiner Frau schauen und sich, ohne Hindernis zwischen ihnen, mit ihr verbinden. Es erfordere viel Mut, die »Überlebens«-Mentalität aufzugeben, um eine neue Ebene der Partnerschaft mit seiner Frau zu erreichen, aber das sei es, worauf sie immer schon gewartet habe. Sie habe sich auch nie richtig geliebt gefühlt. Durch sein Geschenk an sie werde sich das ändern.

Ich legte ein Lied auf, und der junge Mann sah seine »Eltern« an, blickte seinem Kummer, seinem Ärger und seinem Verletztsein ins Gesicht. Er brachte all seinen Mut und seine Kraft auf, sich durch seine Gefühle hindurchzuarbeiten und Verzeihung zu gewähren. Es dauerte eine Weile – drei Lieder lang –, bis er ehrlich und aufrichtig zu den beiden, die in der Mitte des Raumes standen, gehen konnte und sie umarmte. Es war eine gewaltige emotionale Befreiung für alle drei (wie auch für viele andere im Raum), für jeden aus anderen Gründen.

Dann gingen alle drei Arm in Arm zur Frau des jungen Mannes, schlossen sie in ihre Umarmung mit ein und durchbrachen damit die Mauer. Bald darauf gingen auch Chuck und ich und die ganze Busgruppe zu ihnen, bis jeder aus dem

Seminar in der Mitte des Raumes war. Alle nahmen teil an ihrer Liebe und verabschiedeten die Indianer. Es war eine glückliche Gruppe, die schließlich in den Bus stieg und nach Hause fuhr.

Bei unserem nächsten internationalen »Psychology of Vision«-Kurs auf Hawaii wurde mir bewusst, wie glücklich wir uns schreiben durften, das Flair einer »Weltbürger«-Gemeinschaft genießen zu können … wir waren Bewohner des Planeten Erde und Angehörige der menschlichen Rasse, und das zählte mehr als jede politische, nationale oder rassische Übereinstimmung. Wir waren ein Regenbogen verschiedener Abstammungen und Kulturen, verständigten uns in fünf Sprachen, waren aber durch eine starke Verbundenheit vereint und hatten keinen Zweifel daran, dass der Himmel Wirklichkeit ist. Als ich mich im Raum umsah, wurde mir bewusst, dass nur eine Generation zuvor unsere Eltern Krieg gegeneinander geführt hatten.

Wie gesegnet waren wir, uns ohne eine Kluft so zu kennen und uns gegenseitig zu lieben. Der Glaube an den Himmel ist die Antwort auf alle menschlichen Konflikte, Ängste und Bedürfnisse.

Die beiden Zehnjährigen
(von Mark Wadleigh)

Während einer privaten Sitzung mit Lency wurde mir klar, dass Gnade, Liebe und Glück eine Sache der persönlichen Entscheidung sind. Zum ersten Male war ich in der Lage, den kristallklaren und lebendigen Mechanismus des Entscheidens und des erneuten Entscheidens bewusst zu erfahren, der sich schon immer tief in meinem Inneren abspielte.

Mein Problem war, dass ein zehnjähriger Junge, Adamje, für ein paar Wochen bei mir wohnte, während seine Mutter, eine liebe Freundin namens Tamzon, außer Landes war. Er ist das einzige Kind, ein wirklich wunderbarer Junge, und wir kennen uns sehr gut.

In den vergangenen Jahren waren wir bei vielen gegenseitigen Besuchen glücklich und ohne Sorgen. Im Zeitraum von einer Woche gab es normalerweise ein oder zwei fünfminütige Episoden, in denen er einmal ungenießbar und/oder ich missgestimmt war. Bei diesem Besuch war ich die ganze Zeit über gereizt. Adamje ging mir auf die Nerven, er machte (in meinen Augen) nichts richtig, und ich nörgelte an ihm herum, wie mein Vater manchmal an mir herumnörgelte, als ich zehn Jahre alt war.

Ich fühlte den Schmerz, selbst wieder zehn zu sein, und ich fühlte auch den Schmerz, als »Elternteil« zu versagen. Ich war enttäuscht von mir. Es war, als sei ich von verschiedenen Personen beherrscht: von mir selbst als Zehnjährigem, von Adamje, wie er jetzt war, und von meinem Vater, als ich zehn war. Ich fühlte mich gespalten, als wäre ich nicht länger ich selbst.

Obendrein litt ich darunter, mit jemandem zusammen zu sein, den ich wirklich liebte, ohne irgendetwas von der Freude oder dem Trost dieser Liebe verspüren zu können. Stattdessen empfand ich Schuld, Schmerz, Reue und Verzweiflung. Als Adamje nur noch zwei oder drei Tage bei mir war, ging ich zu Lency und bat sie um Hilfe. Ich bat sie, mit mir eine Sitzung abzuhalten und mir zu helfen, da durchzukommen, denn so, wie es war, war es furchtbar. Ich war verzweifelt. Ich war am Ende meiner Geduld und wollte nicht länger ohne Liebe leben. Ich war bereit für die Liebe, um jeden Preis.

Nachdem wir mit Chuck abgesprochen hatten, auf die Kinder aufzupassen, gingen Lency und ich in ihr Büro und setzten uns auf der Couch einander gegenüber. Ich erzählte ihr meine Geschichte, ziemlich genau so, wie ich es hier gerade getan habe, und öffnete mich dem, was sie tun wollte.

Sie legte eine Hand auf meine Brust und tastete. Dann legte sie auch ihre andere Hand auf mich und sagte, sie könne eine Traurigkeit in mir fühlen. Zuerst konnte ich nichts fühlen. Ich spürte, wie ein Problem auf mir lastete und mich erdrückte, und ich fühlte mein Versagen, dem Jungen Liebe entgegenbringen zu können. Ich empfand eine Spur von Verzweiflung, ein bisschen Schuld und ein Gefühl der Geschwindigkeit, der Schnelle, als fahre ich auf einer Autobahn in eine ausgedörrte graue Wüste (die ins Nichts führte).

Dann senkte Lency den Kopf und stemmte mit ihren Händen ihr ganzes Gewicht auf meine Brust. Als sie diesen Körperkontakt mit mir herstellte, empfand ich ein überwältigendes Gefühl der Sicherheit. Ich spürte den Anfang einer Verbindung mit ihr, spürte Wärme, Kameradschaft, Geborgenheit. Man könnte sagen, ich fühlte mich »bemuttert«, aber das trifft nicht zu. Vielmehr fühlte ich mich geliebt von jemandem, der darin kompetent war. Ich fühlte Freundschaft, Partnerschaft, ich fühlte mich mitten in einer Energie, die stärker war als mein Wille, stark genug, mich zu heilen.

Verschiedene Szenen aus meiner Kindheit stiegen in meinem Inneren auf. Die Bilder stammten alle aus der Zeit, als ich zwischen zehn und dreizehn war. Das waren besonders harte Jahre für mich. Manchmal saß das Gefühl in meiner Brust, manchmal in meiner Kehle. Manchmal war es überwiegend physisch, dann emotional, manchmal eine Mischung aus beidem. Nach ein paar Minuten begann mein Brustbein dort zu brennen, wo Lencys Hände mich berührten. Es fühlte sich an, als drücke sie mir ein Brandzeichen auf. Wirklich! Es war ein scharfes, brennendes Gefühl, das meine Haut und meine Knochen durchdrang. Trotzdem war es durchaus angenehm und sehr, sehr heilend. Zur Erläuterung muss ich sagen, dass Lency mich weder stieß noch zwickte oder etwas Ähnliches tat. Sie berührte mich nur sehr zart mit ihren Fingerspitzen und manchmal mit ihren Handflächen. Das war alles. Die Energie, die durch mich hindurchfloss, war die Quelle des brennenden Gefühls. Es war ein sehr befriedigendes Gefühl. Es war herrlich und köstlich. Ich spürte, wie ich geheilt wurde.

Dann fragte mich Lency, ob ich die Liebe fühlen könne. Ich spürte, dass etwas sehr Gutes mit mir geschah, aber ich wusste nicht, ob es wirklich Liebe war, deshalb zögerte ich ein bisschen, und sie sagte: »Versuche, dich geliebt zu fühlen. Suche danach.« Dann spürte ich, wie eine prickelnde, schäumende Energie meine Wirbelsäule hochstieg. Ich fühlte mich, als würden meine Wirbelsäule und mein Kopf mit einem riesigen Staubwedel gesäubert. Ich wusste, dass dies eine klassische Kundalini-Erfahrung war, und leistete deshalb keinerlei Widerstand. Nach fünf oder zehn Minuten, als ich wieder aufrecht sitzen konnte, fragte mich Lency noch einmal, ob ich die Liebe spüren könne.

Zuerst leuchtete mir das nicht ein. Nur weil ich die Liebe nicht fühlte – na und? Ich war mitten in einer starken und helfenden Erfahrung! Erst als sie mich zum fünften oder sechsten Male fragte: »Fühlst du jetzt, dass du geliebt wirst? Kannst du die Liebe fühlen?«, fing ich an, in meinem Inneren intensiver zu forschen. Wo war diese Liebe?

Inzwischen kam ein Problem nach dem anderen, das mit meiner damaligen Situation verknüpft war, an die Oberfläche, und wir löschten alle aus. Insgesamt fühlte ich mich gut. Als ich die Liebe suchte, spürte ich nur noch das »Brennende« dieses Vorgangs. Dann kam mir eine Zeit vor ein paar Monaten in den Kopf, als mir deutlich gemacht wurde, wie Lency mich sah. Sie sieht in mir einen wunderbaren Menschen, der nicht extravagant ist, sondern liebenswert, natürlich, liebevoll, göttlich. Es war für mich sehr bewegend, dass jemand in mir so viel Reinheit sah und mich hoch schätzte, obwohl ich mich selbst für einen fetten, unzufriedenen, alten Verlierer hielt.

Trotzdem wurde ich während der Sitzung mit Lency, die ich hier beschrieben habe, zunehmend frustrierter, weil ich die Liebe nirgendwo finden konnte. Plötzlich kam mir ein seltsamer Gedanke: Rufe dir noch einmal das Bild vor Augen, das Lency von dir hat. Das tat ich. Da war plötzlich alles ganz leicht. Ich spürte auf der Stelle die Liebe und war überrascht. Für den Bruchteil einer Sekunde war ich überrascht, dass die Liebe da war. Dann begriff ich, dass ich immer von der Liebe in mir gewusst habe, aber dass ich diese große, graue Barriere gegen sie errichtet hatte. Das war sehr überraschend für mich. Die Erinnerung an diese ganze Szene, in der ich die Liebe vor mir selbst versteckt hatte, war zwar schwach, aber sie war da.

Sobald ich die Liebe spüren konnte, stieg ein anderes Gefühl in mir auf, ein Gefühl der Qual, des Unbehagens und der Angst. Ich sagte zu Lency: »Ja, ich spüre die Liebe, aber erst muss etwas anderes erledigt werden. Ich muss erst ein anderes Gefühl beseitigen.« Lency sagte: »Wir machen ein Experiment. Beseitigen wir das Gefühl nicht. Sage einfach, wir entscheiden uns jetzt dafür, die Liebe direkt zu spüren, ohne vorher irgendetwas anderes zu bewältigen. Bist du bereit, das zu versuchen?«

Ich stimmte zu, und sie erinnerte mich daran, nicht an das Problem, das auf mir lastete, zu denken, es zwar nicht zu verdrängen oder beseitigen zu wollen, aber einfach meine Aufmerksamkeit auf die Liebe zu lenken und mich darauf zu konzentrieren. Es klappte, aber es war sehr seltsam. Und darin liegt für mich die Schwierigkeit der Entscheidung überhaupt. Das Gefühl, etwas Unrechtes zu tun, das Gefühl, ein Problem zu haben, hob zwar das Gefühl der Liebe nicht auf, verdrängte es aber für mich zu dieser Zeit. Es war, als werde dieses Gefühl von einem verbalen Befehl begleitet, der sagte: »Du musst dich für dieses Gefühl (des Problems) entscheiden, da es jetzt stärker ist, es beherrscht dich.«

Die Erklärung, was dieses Gefühl bedeute, war so überzeugend, dass ich sie weder in Frage stellte noch mich darüber hinwegsetzte. Eine interessante Erfahrung war die plötzliche Erkenntnis, dass ich mein ganzes Leben lang Probleme in dieser Weise gesehen habe und mich deshalb immer für die Angst entschieden und das Glück damit verdrängt habe. Was erstaunlich für mich war, war die Erkenntnis, dass mir nie bewusst war, mit dieser Auffassung gelebt zu haben.

Indem ich Lencys Anweisungen folgte, verlagerte ich mein Bewusstsein von der Problemebene zu dem Bild, das Lency von mir hatte, die mich mit den Augen der Liebe sah und in mir das Gefühl der Liebe und das Gefühl, geliebt zu werden, hervorrief. Während ich das tat, schrie die Stimme in mir aus Leibeskräften: »Nicht! Das kannst du nicht! Es klappt nicht!«

Mit dem Widerstand vermischte sich auch ein Gefühl des leichten Schocks, als ob eine Tradition gewaltsam gebrochen werde, als ob ein Teil von mir sagte: »Was? Etwas anders machen? Aber wir haben es doch immer so gemacht!« Wer will sich schon über Traditionen hinwegsetzen? Trotzdem tat ich es! Das Gefühl der Liebe war da, wurde aber innerhalb einer Sekunde vom Gefühl der Angst abgelöst. Ohne gegen die Angst anzukämpfen, sie zu analysieren oder sonst irgendetwas damit anzufangen, konzentrierte ich mich auf das Gefühl, geliebt zu werden. Das Verlagern meiner Aufmerksamkeit war wie das Verstellen von Autoscheinwerfern. Ich wusste, es gehe nicht, weil dieses eklige Angstgefühl in mir sagte, es gehe nicht. Es sagte mir, ich sei jetzt noch nicht liebenswert, ich müsse erst mit der anderen Sache fertig werden.

Ich widersprach nicht, ich richtete meine »Scheinwerfer« der Aufmerksamkeit aber trotzdem darauf aus, geliebt zu werden. Es ist wichtig, dass ich nicht versuchte, die Angst zu verleugnen oder zu verändern, ich verlagerte lediglich meine Konzentration. Ich versuchte nicht, irgendetwas zu verdrängen. Ich wurde mir nur der größeren Wahrheit bewusst, dass ich trotz allem *jetzt geliebt werde, immer geliebt worden bin und auch in Zukunft geliebt werde.* Angesichts dieser Verlagerung meiner Konzentration, die dadurch erreicht wurde, dass ich sie erreichen wollte, wich das Angstgefühl wie Luft aus einem Ballon. Es verschwand innerhalb von Sekunden.

Nachdem das erste Problem durch mein Gefühl, geliebt zu werden, gelöst wurde, erledigte sich auch das zweite, dann das dritte und vierte. Jedes einzelne Problem löste sich schneller, und die Konzentration auf die Liebe fiel immer leichter. Ein Gefühl der Seligkeit, der Freude, der Ekstase wuchs in mir und wurde stärker und stärker. Mein ganzes Leben kam mir unwirklich vor; nur die Liebe war wirklich.

Es war, als stelle jemand mir die Frage: Was wäre, wenn du dich nur für das Glück und die Liebe entscheiden und die negativen Gefühle einfach zulassen müsstest, um sie zu heilen? Bist du bereit, dies wenigstens als Experiment weiter zu versuchen? Ich versuchte es, und es klappte. Ich musste nur bereit sein, einzusehen, dass es falsch war, mich schlecht fühlen zu müssen. Ich musste bereit sein, die Ansicht, dass ich keine Liebe verdiene, als Fehler zu erkennen. Ich musste nur Platz für die Liebe schaffen. Und das tat ich, indem ich daran dachte.

Grundsätzlich habe ich erkannt, dass Liebe nicht etwas ist, worauf man wartet. Man kann sie nicht ernten. Sie ist einfach da, jetzt und immer. Alles, was ich tun musste, war, zu erkennen, dass ich mich immer für etwas anderes als die Liebe entschieden hatte; entscheide dich stattdessen für die Liebe! Es ist leicht!

Nach unserer gemeinsamen Sitzung löste sich die Spannung auf, die ich meinem jungen Schützling gegenüber empfunden hatte. Adamje wirkte glücklicher, entspannter und verspielter. Was mich vorher verärgert hatte, hatte sich entweder verändert oder war verschwunden, oder vielleicht habe ich es auch nur mit anderen Augen gesehen, wie auch immer, ich konnte mich an seiner kindlichen Energie, seinem Enthusiasmus und seiner Unschuld freuen und ihn wirklich mögen. Unsere letzten gemeinsamen Tage waren toll!

Du hast die Gabe, andere durch deine Liebe zu heilen, wenn du sie nur finden kannst. Du wirst gebraucht, viele warten auf dich!

Entscheide dich für die Liebe!

Viele haben im Laufe der Menschheitsgeschichte Liebe so erfahren, wie wir es in diesem Buch beschrieben haben. Der beste Weg zum Erfahren der Liebe scheinen Visionen zu sein, die man kurz vor dem Tode hat (wie der kleine Elias), oder Erlebnisse, wenn man dem Tod nahe ist (mystische Erlebnisse von Menschen, die beinahe gestorben wären).

In seinem 1990 veröffentlichten Buch *Näher am Licht: Lernen aus Erlebnissen von Kindern, die dem Tode nahe sind* weist Dr. Melvin Morse (Kinderarzt und führend auf dem Gebiet der Erforschung des nahenden Todes) darauf hin, dass eine 1982 von der George-Gallup-Organisation gemachte Umfrage ungefähr acht Millionen Erfahrungen mit dem nahenden Tod in den Vereinigten Staaten ergab.

In dem klassischen Erlebnis des nahenden Todes verspürt der Betreffende eine unglaubliche Liebe und Zuwendung, die von einem strahlenden Licht oder einem Wesen des Lichtes ausströmt. Manche nennen das Wesen »Gott«, »Allah«, »Jesus«, einen »Engel« oder einfach »den Herrn«. Meine Lieblingsgeschichte über eine Erfahrung des herannahenden Todes schrieb der Psychiater George G. Ritchie in seinem 1978 erschienenen Buch *Rückkehr aus der Zukunft*. Als zwanzigjähriger Freiwilliger der amerikanischen Armee »starb« Ritchie 1943 während seiner Grundausbildung. Im Krankenhaus bedeckte man seinen Körper mit einem Betttuch, um ihn bald danach in die Leichenhalle zu bringen.

Als Ritchie sich neben seinem eigenen Körper stehend wiederfand, begegnete er einem »Mann, der aus Licht bestand« und den er als Jesus erkannte. Mit großer Sicherheit wusste er, dass dieser Mann ihm eine immense Liebe entgegenbrachte, eine Liebe jenseits seiner kühnsten Vorstellungen, eine Liebe, die um alles, was an ihm nicht wert war, geliebt zu werden, wusste, ihn aber akzeptierte und trotzdem liebte.

Dann sah Ritchie jede einzelne Episode aus seinem Leben. Alles schien gleichzeitig abzulaufen. Am Schluss fragte der Herr: »Was hast du in deinem Leben erreicht, das du mir zeigen kannst?«

Ritchie wusste, dass sich die Frage auf die Liebe bezog. Wie viel hast du im Leben geliebt? Hast du andere so geliebt wie dich, ohne Einschränkung, bedingungslos? Ritchie dachte verstört: »Warum wusste ich nicht, dass solche Liebe möglich ist? Jemand hätte es mir sagen sollen! Das ist ein schöner Zeitpunkt, zu entdecken, was das Leben wirklich war – als käme man zur Abschlussprüfung und merkte, dass man in einem Fach geprüft wird, das man nie studiert hat! Wenn das der Mittelpunkt des Lebens war, warum hat es mir niemand gesagt?«

Das Wesen zeigte ihm dann kurze, faszinierende Einblicke in das Leben nach dem Tode, bevor Ritchie in seinen Körper zurückkehrte. Ritchie war furchtbar verzweifelt, in dieses Leben zurückzukommen, und fragte sich, wie er ohne die Gegenwart der Liebe leben könne. Nach dieser Begegnung verspürte Ritchie als Arzt während des Zweiten Weltkrieges in Europa eine so große Todessehnsucht, dass er sich sogar fragte, ob er zur Strafe ins Leben zurückgebracht worden sei. Eines Tages begegnete er einem verwundeten Offizier mit einem vertrauten und fesselnden Blick in den Augen. Zunächst wusste er nicht, was ihn an diesem Mann so anzog, doch schließlich merkte er, dass sein Blick ihn an den Blick der Liebe erinnerte, den er bei dem Mann des Lichtes gesehen hatte. »Christus« blickte ihm aus den Augen des verwundeten Offiziers entgegen.

Er erkannte, dass die Einsamkeit und die Entfremdung, die er in dem Jahr nach dem Erlebnis seines scheinbaren Todes verspürt hatte, nur von seiner Sehnsucht herrührte, wieder in der Liebe des göttlichen Wesens gegenwärtig zu sein. Nun verstand er, dass er diese Liebe in den Augen der Menschen finden kann, mit denen er täglich zusammen ist.

Als der Krieg in Europa im Mai 1945 beendet war, übernahm Ritchies Einheit die medizinische Betreuung der gerade befreiten Gefangenen eines Konzentrationslagers bei Wuppertal. Dieses Erlebnis war schrecklich. Die Bedingungen waren vorher so hoffnungslos, dass die Männer noch immer zu Dutzenden täglich starben, obwohl die US-Armee verzweifelt Nahrungsmittel zur Verfügung stellte und medizinische Versorgung leistete.

Als die Verzweiflung zu groß wurde, um sie zu ertragen, lief Ritchie vom einen Ende des Lagers zum anderen und schaute in die Gesichter der Männer, bis er Christi Augen sah, die ihn anblickten. Dabei traf er einen polnischen Juden, der von den Amerikanern den Spitznamen »der wilde Bill« erhalten hatte. Er war einer der Gefangenen, aber offenbar erst seit kurzem: Sein Gang war aufrecht, seine Augen glänzten, und er hatte eine blühende Gesundheit. Er arbeitete bis zu 16 Stunden am Tag, um den Amerikanern zu helfen, und zeigte keine Ermüdungserscheinungen.

Weil er sechs Sprachen beherrschte, war der wilde Bill bei der Identifikation und Umsiedelung der Lagerinsassen sowie beim Schlichten von Auseinandersetzungen zwischen Gefangenen verschiedener Nationalitäten von unschätzbarem Wert, ja sogar bei der Unterweisung, Vergebung gegenüber den Deutschen zu gewähren. (Es war nicht unüblich, dass die früheren Gefangenen in anderen Lagern sich ein Gewehr nahmen und den ersten Deutschen, den sie im nächsten Dorf sahen, erschossen haben.)

Man kann sich Ritchies großes Erstaunen vorstellen, als er erfuhr, dass Bill schon sechs Jahre lang im Lager gewesen war, die gleiche Arbeit verrichtet hatte, dieselben Hungerrationen bekommen hatte und denselben Krankheiten ausgesetzt war, an denen Tausende der anderen Männer gestorben sind. Ritchie fragte sich, was ihm das Leben gerettet haben könnte.

Eines Tages erzählte Bill Ritchie, was ihn so anders gemacht hatte. Es war ein Vorsatz, den er vor vielen Jahren gefasst hatte. Bill hatte mit seiner Frau und fünf Kindern im jüdischen Ghetto in Warschau gelebt. Als die Nazis kamen, zwangen sie jeden, aus dem Haus herauszukommen, stellten alle nebeneinander an eine Wand und erschossen sie mit Maschinengewehren. Bills Familie war vor seinen Augen ermordet worden, aber die Soldaten ignorierten sein Flehen, mit ihnen getötet zu werden. Er blieb am Leben und wurde in einen Arbeitstrupp eingeteilt, weil er Deutsch konnte.

Die naheliegende und normale Reaktion für Bill wäre gewesen, die Soldaten zu hassen; die meisten Leute hätten automatisch so reagiert. Schließlich hätte niemand Bill Vorwürfe deswegen gemacht. Stattdessen geschah ein Wunder. Bill erkannte in dieser entsetzlichen Zwangslage, dass er tatsächlich eine *Wahl* hatte: Er konnte die Soldaten, die ihm das angetan hatten, hassen und sein Leben damit dem Hass widmen und auch in Zukunft nichts als Hass erzeugen; oder er konnte sich für die Liebe entscheiden und für ein Leben, das von der Liebe geprägt war. Bill entschied sich für die Liebe und fasste den Entschluss, bis zum Ende seines Lebens – wie lang oder kurz es auch sein möge – jeden einzelnen Menschen, mit dem er zusammenkomme, zu lieben. Er fing mit den Nazisoldaten an.

Die Liebe hatte ihn erhalten und gestärkt. Die Liebe hatte ihm das Leben geschenkt.

Kannst du das Wagnis riskieren, dein Leben mit geöffnetem Herzen zu leben? Du hast schon lange mit verschlossenem Herzen gelebt, abgeschnitten von der Welt. Du hast dich vor den Erlebnissen, die das Leben bietet, verschlossen. Du hast Angst vor dem Leben und vor anderen Menschen gehabt. Du hast dich klein gemacht in der Hoffnung, durch das Leben hindurchschlüpfen zu können, ohne noch mehr Schmerz auf dich nehmen zu müssen.

Doch je enger dein Herz wird, umso schmerzlicher ist das Leben ...

Du bist immer weniger in der Lage, die einzige Sache zu empfangen, die das Leben lebenswert macht.

Wenn du dein Herz nicht öffnest, geht die Liebe an dir vorüber, und du kannst die Gnade des Himmels nicht wahrnehmen. Jede Erfahrung hat ihre schönen Seiten, wenn man sie mit offenem Herzen aufnimmt.

Glück

Seit einiger Zeit wusste ich, dass ich Liebe und Glück immer dann empfinden könne, wenn ich es wollte. Ich wusste genau, wo sich die Tür in meinem Herzen befand, die zum Frieden, zum Trost und zur Freude führte.

Ich lebte oft mit geöffneter Tür – immer, wenn ich mich mit anderen Menschen verband, immer wenn sich etwas Schönes ereignete oder ich von der Schönheit der Inseln überwältigt wurde. Doch wie soll ich die Zeit dazwischen erklären? Die Tage, an denen ich mich leicht fürs Glücklichsein hätte entscheiden können, es aber nicht wollte oder einfach das Gefühl hatte, es nicht zu können? Ich konnte mich dann nicht glücklich fühlen. Es war, als bedeute das Glück, die Chance zu verlieren, sich am Leben rächen zu können. Der Teil in mir, der sich nicht zum Glücklichsein entschlossen hatte, fühlte sich wie ein unzufriedener, mürrischer Teenager, der seinen Eltern die Freude eines Lächelns verweigert. Mein Unmut war mir wichtiger als mein Glück. Obwohl ich allen Grund hatte, glücklich zu sein, brachte ich einfach die Bereitschaft dazu nicht mit.

Während mich dieses Dilemma beschäftigte, begab ich mich mit Chuck und den Kindern zu einem 22-tägigen Teilabschnitt unserer internationalen Schulung auf die Nachbarinsel Hawaiis. Wir wohnten in einem fantastischen Hotel auf wunderschönen Lagunen, mit herrlichen Schwimmbecken, rauschenden Wasserfällen, natürlich gewachsenen tropischen Gärten, malerischen Hainen mit Kokospalmen und einem traumhaften Blick auf das Meer, das gegen die schwarze Lavaküste brandete. Aber selbst Wasserrutschen, Schwimmen mit Delfinen und organisierte Kinderveranstaltungen machten meine Kinder nicht glücklich, zumindest nicht, wenn ich dabei war. Sobald wir zusammen waren, zankten sie sich und stritten um meine Aufmerksamkeit. Wenn das eine Kind mit dem Zug zum Hotel zurückfahren wollte, sagte das andere, es hasse Zugfahrten und wolle mit dem Schiff zurückfahren. Sie zogen sich am laufenden Band kleine Verletzungen zu, die Beachtung und Zuwendung forderten.

Nach der ersten Woche fühlte ich mich miserabel, wenn ich mit ihnen zusammen war. Ich hatte eine Depression, in der ich mir vorwarf, meine Kinder nicht zu mögen und eine schlechte Mutter zu sein, und mir einflüsterte, in dieser quälenden Falle bis an mein Lebensende gefangen zu sein.

Schließlich sprach ich mit meinen Kindern darüber. Ich erklärte ihnen, wie schwierig es für mich sei, sie um mich zu haben, wenn sie so viel Ärger machten. Ich erklärte ihnen, sie nähmen offensichtlich keinen Einfluss darauf, sich glücklich oder unglücklich zu fühlen, weil es oft den Anschein erwecke, als seien es die Umstände, die ihre Gefühle hervorriefen. In Wahrheit seien sie aber selbst verantwortlich für ihr Glück, und sie könnten jederzeit die Entscheidung treffen, glücklich zu sein.

Anfangs fühlte ich mich erleichtert, sie zur Rede gestellt zu haben. Aber nach einer Weile merkte ich, dass ich mich gar nicht wohl fühlte. Bei genauerer Betrachtung merkte ich, dass ich mich sogar schuldig fühlte, sie angegriffen zu haben. Es war geradezu lächerlich, meine Kinder so hart anzugehen, anstatt zu erkennen, wie genau sie meine eigene Verfassung widerspiegelten. Ich bestrafte sie dafür, nicht den Schritt getan zu haben, den ich selbst nicht tun wollte. Ich hatte sie getadelt, sich nicht für das Glück entschieden zu haben, das ich selbst aus Unreife nicht in mein Herz ließ. Ich erkannte, dass ihr Unglücklichsein und meines ein und dasselbe war.

Endlich hatte ich eine Motivation, diesen Schritt zu wagen. Ich wusste, dass sie glücklich wären, wenn ich es wäre. Jetzt fiel mir die Entscheidung viel leichter. Ich entschied mich einfach. Meine schlechte Laune war mit einem Schlag verschwunden. Ich war begeistert von meiner Zärtlichkeit und Hingabe für meine Kinder. Ich fühlte mich wie eine gute, liebende Mutter. Die Tür zu einem warmen Strom des Glücks und der Liebe war offen – zumindest einen Spalt breit.

Ich kontrollierte meine Gedanken im Hinblick auf Angriffe (sowohl Angriffe, die auf mich gerichtet waren, als auch Angriffe von mir auf andere). Ich wusste, dass mein Gefühl der Unschuld und des Glücks von meiner Bereitschaft abhing, diese Gedanken aufzugeben und ohne Verurteilungen zu leben.

Als ich wieder etwas mit den Kindern unternahm, erlebte ich eine freudige Überraschung. Sie waren beide so völlig ausgeglichen, dass sie sich und mich mit großer Zuneigung und gegenseitiger Wertschätzung behandelten. Sie waren so lieb und süß, dass die Zeit, die wir gemeinsam verbrachten, von Gnade und Freude erfüllt war. Wir waren wieder im Paradies.

Sich für das Glück und die Liebe zu entscheiden, heißt, sich zu öffnen und zu wachsen, sich weniger zu verschanzen, sich anderen Menschen näher zu fühlen, großzügiger zu sein, die eigene Mitte zu finden und aus der Quelle zu schöpfen. Es heißt, Sicherheit zu empfinden, Schönheit wahrzunehmen, in der Gnade zu leben. Es heißt, das Leben zu wählen. Wenn man das Gegenteil der Liebe wählt, entfernt man sich vom Leben. Man will dann die eigenen Wunden pflegen, »gerechten« Zorn empfinden, sich um nichts anderes kümmern, sich von anderen abspalten, das eigene Leiden hochspielen, kämpfen, streiten, sein Herz verschließen. Das heißt, Schmerz, Traurigkeit und Angst zu empfinden. Es heißt, sich für den Tod zu entscheiden.

Das Leben ist eine permanente Herausforderung, es konfrontiert uns immer wieder, in jedem Augenblick, mit nur einer Frage: Wirst du jetzt, in diesem Moment, dich für das Glücklichsein und die Liebe entscheiden, oder wählst du den Schmerz und die Angst? Wird das Licht deines Herzens und deiner Seele in der Dunkelheit leuchten, oder wirst du es verbergen?

Wir werden unzählige Male am Tag mit der Entscheidung konfrontiert: Werde ich mit der nötigen Reife auf eine Herausforderung reagieren, alles zum Besten lenken, mich und mein Herz öffnen, so dass ich Liebe und Nähe erfahren kann? Oder werde ich mich in egoistischer Selbstliebe weiter isolieren und mich dem Genuss hingeben, mich im Recht aber verletzt zu fühlen?

Obwohl diese schmerzlichen Erfahrungen aus Unreife erwachsen, ist es ungemein schwierig, der Versuchung zu widerstehen. Es tut so gut, Überreaktionen zu zeigen, es jemandem heimzuzahlen, zurückzuschlagen und alten Kummer aufzuwärmen. Es erfordert viel Einsicht, sich für das Leben zu entscheiden, und viel Übung, es fortwährend zu tun. Aber nur durch diese Entscheidung, nur durch diese Wahl unseres Herzens können wir DEN WEG FÜR DIE LIEBE FREIGEBEN.

Wie die Kinder es uns gelehrt haben, ist die Liebe das Wichtigste im Leben. Die Liebe ist alles. Sie strömt immer zu dir aus, du musst sie nur wahrnehmen. Alles, was du tun musst, ist, sich ihr zu widmen, und sie wird deine Welt in jeder Hinsicht verschönern. Deine Zeit in diesem Leben ist kostbar. Der Zweck dieser Zeit ist es, die Liebe zu finden. Suche überall nach ihr. Suche die Liebe in jedem Gesicht, das du siehst; lerne deine Unschuld und Schönheit kennen, lasse dich zurück ins Paradies führen.

Du bist liebenswert, und du wirst geliebt. Der Himmel erwartet dich ... folge deinem Herzen und finde deinen Weg nach Hause!

Kontaktmöglichkeiten

Dr. Chuck Spezzano und seine Frau Lency halten weltweit Vorträge und Seminare. Bitte setze dich mit uns in Verbindung, wenn du Informationen über die nationalen und internationalen Veranstaltungen und Produkte der **Psychology of Vision** erhalten möchtest.

Internationale Website:
www.psychologyofvision.com

Hier erhältst du Informationen über Veranstaltungen, Produkte und Kontaktadressen der **Psychology of Vision.**

Die Kontaktadresse für Deutschland, Österreich und die Schweiz lautet:
Psychology of Vision DACH
Telefon: +41 (0)78 638 27 70
Fax: +41 (0)32 622 89 49
E-Mail: DACH@psychologyofvision.com
www. psychologyofvision.com/DACH

Informationen zu internationalen Workshops und Vorträgen der Psychology of Vision erhältst du über:
Psychology of Vision, Kanada
Telefon: +1 604-298-4011
E-Mail: promotions@psychologyofvision.com
www. psychologyofvision.com

Weitere Bücher aus dem Verlag Via Nova:

Brücken zwischen Himmel und Erde
*Meditationen, Gedichte, Geschichten,
Fotos, Bilder*
**Aufgeschrieben und gestaltet von Chuck, Lency,
Christopher, J'aime Spezzano**
Hardcover, vierfarbig, 192 Seiten,
über 100 Fotos und Bilder
ISBN 978-3-86616-128-3

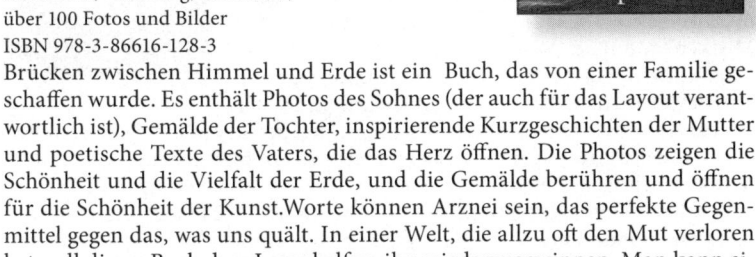

Brücken zwischen Himmel und Erde ist ein Buch, das von einer Familie geschaffen wurde. Es enthält Photos des Sohnes (der auch für das Layout verantwortlich ist), Gemälde der Tochter, inspirierende Kurzgeschichten der Mutter und poetische Texte des Vaters, die das Herz öffnen. Die Photos zeigen die Schönheit und die Vielfalt der Erde, und die Gemälde berühren und öffnen für die Schönheit der Kunst. Worte können Arznei sein, das perfekte Gegenmittel gegen das, was uns quält. In einer Welt, die allzu oft den Mut verloren hat, soll dieses Buch dem Leser helfen, ihn wiederzugewinnen. Man kann einen anderen Menschen nur inspirieren, indem man sein Herz öffnet und das, was einen selbst inspiriert, mit ihm teilt. Genau das hat die Familie Spezzano getan.

Karten der Partnerschaft
Liebe in Partnerschaft und Beziehungen
Chuck Spezzano
90 künstlerisch gestaltete, farbige Karten mit Begleitbuch
ISBN 978-3-86616-090-3

Die Karten der Partnerschaft wollen dazu beitragen, eine Beziehung auch dann lebendig zu erhalten, wenn die Phase der ersten Verliebtheit vorbei ist, und sie wollen dem Paar, das sie befragt, dabei helfen, erfolgreich alle Hindernisse und Klippen zu umschiffen, die jede Beziehung überwinden muss, um auf lange Sicht glücklich und erfolgreich sein zu können. Wie schon bei den Karten des Lebens hat die Künstlerin Petra Kühne auch hier wieder zu jedem Thema der insgesamt 90 Karten ein vollendetes kleines Kunstwerk geschaffen. Ein Begleitbuch erläutert die Bedeutung jeder Karte, zeigt Prinzipien auf, die verstehen helfen, was eine Beziehung voranbringt und was sie zurückhält, und macht Vorschläge für mögliche Befragungen.
Die Karten der Partnerschaft sind eine wirklich gelungene Fortsetzung der bereits vor einigen Jahren bei Via Nova erschienenen Karten der Liebe und knüpfen nahtlos an deren großen Erfolg an.

Was Männer von Frauen über Sexualität lernen können
Chuck Spezzano
Taschenbuch, 96 Seiten, ISBN 978-3-86616-107-8

„Alles, was ich über erfüllte Beziehungen weiß, habe ich von meiner Frau gelernt." Der Beziehungsexperte Chuck Spezzano zeigt in diesem Buch, dass zu einer erfüllten Sexualität weit mehr gehört als nur Sex. Männer denken und fühlen anders als Frauen, auch im Hinblick auf Sex, und das ist oft der Auslöser für Missverständnisse, Streitigkeiten und Gefühle des Unglücklichseins. In seiner lockeren und einmalig humorvollen Art gelingt es Chuck Spezzano wieder einmal, sowohl Männern als auch Frauen einen tiefen und vor allem befreienden und heilenden Zugang zu einem Bereich zu ermöglichen, der insbesondere in der heutigen Zeit von einem hohen Maß an Missdeutung, Verdrängung oder Übertreibung gekennzeichnet ist. Die klare Sprache des Autors nimmt den Leser mit und macht deutlich, dass es gar nicht so schwer ist, ein glückliches und vor allen Dingen erfülltes Sexualleben zu verwirklichen.

Wie Sie herausfinden, wann Ihre Beziehung wirklich zu Ende ist und was Sie tun können, um sie zu retten
Chuck Spezzano
Taschenbuch, 120 Seiten, ISBN 978-3-86616-108-5

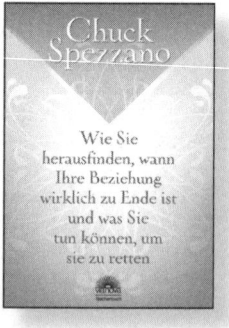

Heute sind (vor)schnelle Trennungen an der Tagesordnung, weil jeder glaubt, er könne beim nächsten Partner das Glück finden, das der gegenwärtige Partner ihm scheinbar nicht geben kann. Die Chance, in einer bestehenden Beziehung zu echter Partnerschaft zu gelangen, wird so oftmals voreilig und leichtfertig vergeben. Der erfahrene und weltweit bekannte Beziehungsexperte macht im vorliegenden Buch klar, was eine Beziehung zerstört und was sie zu stärken vermag. Er vermittelt Prinzipien der Heilung, die dazu beitragen können, eine Beziehung aus dem gefährlichen Fahrwasser einer drohenden Trennung herauszuführen, und er zeigt eine „narrensichere" Methode auf, die es einem oder beiden Partnern ermöglicht, zweifelsfrei festzustellen, ob ihre Beziehung wirklich zu Ende ist oder nicht.

50 Wege, die wahre Liebe zu finden
Chuck Spezzano
Hardcover, 208 Seiten, ISBN 978-3-936486-10-0

Dieses Buch richtet sich an diejenigen, die auf der Suche nach ihrem wahren Partner sind. Aber auch an all jene, die ihren Partner bereits gefunden haben und Unterstützung auf dem eigenen Beziehungsweg suchen. Der Autor macht deutlich, dass es nicht damit getan ist, den richtigen Partner zu finden, es bedarf auch des Wunsches, mit diesem Partner zusammen glücklich zu werden. „Wenn du deinen Partner gefunden hast, geht die Reise erst richtig los!", so Chuck Spezzano. Aufgrund der universalen Gültigkeit der vorgestellten Beziehungs-Prinzipien lassen sich diese auch auf andere Lebensbereiche übertragen. Ob der Leser einen neuen Arbeitsplatz oder Unterstützung beim nächsten Schritt in seinem Leben sucht oder ob er sich allgemein mehr Erfolg, Glück und Gesundheit wünscht – mer wieder kann er dieses Buch zur Hand nehmen.

Wo Engel gehen auf leisen Sohlen
*Wie Sie Beziehungen erfolgreich
und harmonisch gestalten können*
Chuck Spezzano
Hardcover, 304 Seiten, ISBN 978-3-86616-056-9

„Narren stürmen blind voran, wo Engel gehen auf leisen Sohlen." Unter diesen von dem britischen Schriftsteller Alexander Pope geprägten Satz stellt Chuck Spezzano sein neues Buch. Wieder einmal geht es um menschliche Beziehungen, und wieder einmal ist es dem weltbekannten Lehrer und Experten in der Kunst von Beziehungen hervorragend gelungen, seine neuesten Erkenntnisse auf unterhaltsame, spannende und zugleich unnachahmlich humorvolle Weise zu Papier zu bringen. In 101 abgeschlossenen Kapiteln zeigt er anhand zahlreicher „wahrer Begebenheiten" aus seinem eigenen Leben und praktischer Beispiele aus den unzähligen Seminaren, die er seit vielen Jahren auf der ganzen Welt leitet, in welche Beziehungsfallen Menschen tappen und wie sie sich schnell und erfolgreich daraus lösen können, um ihre Beziehungen zu einem wahren „Kunstwerk" zu gestalten. Der „neue Spezzano" zeigt einmal mehr richtungweisende psychologische und spirituelle Wege auf, die uns zu glücklichen Beziehungen und damit auch zu einem glücklicheren Leben führen können.

Meine Hände helfen und heilen
Jin Shin Jyutsu®
Selbsthilfe für Kinder und Jugendliche
Tina Stümpfig-Rüdissen
Paperback, 120 Seiten, über 100 vierfarbige Fotos
ISBN 978-3-86616-116-0

Wenn die Energie frei im Körper fließt, fühlt sich der Mensch gesund und wohl. Energieblockaden können zu Missstimmungen, Ängsten oder Konzentrationsschwächen führen, aber auch zu organischen Störungen und Krankheiten. Mit diesem Buch, entstanden aus vielen Jin Shin Jyutsu-Selbsthilfekursen, will die Autorin speziell Kindern und Jugendlichen Möglichkeiten aufzeigen, wie sie selbst ihre Lebensenergie wieder ins Gleichgewicht bringen können, mit Ängsten, Wut, Trauer u. a. umgehen und bei verschiedenen Krankheiten ihre Selbstheilungskräfte aktivieren oder sogar bei Schulproblemen sich selbst helfen können. Mithilfe von Fotos und Erklärungen lernen sie, sich selbst eigenverantwortlich wahr- und ernstzunehmen und mit einfachen Handgriffen in Harmonie und Entspannung zu bringen, eine wertvolle Ergänzung zu herkömmlichen Heilmethoden.

Was mir meine Tiere schenken
Das Glück der Lamafrau
Maria Köllner
Paperback, 200 Seiten, 20 Fotos, ISBN 978-3-86616-111-5

Wie schon in ihrem ersten Buch „Die Lamafrau – mit Mut in ein neues Leben" lädt die Buch- und Filmautorin sowie Journalistin Maria Köllner die Leser auf ihren idyllischen Hof „Ave" in der Lüneburger Heide ein. Mit viel Gefühl und Humor beschreibt sie, nachdem ihre jüngste Tochter das Haus verlassen hat, ihr verändertes Leben, neue Begegnungen, Erlebnisse und Erfahrungen mit Tieren, mit Menschen und sich selbst. Glück, Vertrauen und Geborgenheit, Lebenskraft und Lebensfreude, die sie dabei empfindet, gibt sie an ihre Leser weiter. Dieses Buch – mit schönen, ansprechenden Fotos der Tierfotografin Angela Kraft – erzählt und veranschaulicht, wie ein Leben mit Tieren und der Natur spannend, erheiternd und bereichernd sein kann, besonders für die Menschen, die sich durch die Komplexität und Hektik der modernen, meist städtisch geprägten Welt gestresst und überfordert fühlen. Es ist eine Einladung in die wunderbare Vielfalt des Lebens.

Liebe dich selbst, sonst liebt dich keiner
Ein neues Selbstwertgefühl für Frauen
Irene Goldmann
Hardcover, 168 Seiten, ISBN 978-3-86616-125-2

Warum fällt es Frauen heute trotz besserer Möglichkeiten so schwer, ihr Leben glücklich zu gestalten? Dieser Frage geht die Autorin nach und kommt auf überraschende Antworten: Die Vorstellung von der Liebe als einer Art „Schlaraffenland" ist es, die verhindert, in der Partnerschaft das ersehnte Glück zu finden. Viele Frauen haben nicht genügend gelernt, sich um sich selbst zu kümmern, sich selbst zu lieben. Warum aber mangelt es Frauen an dieser Fähigkeit, die doch die Grundlage für persönliches Glück ist? Auf der Basis jüngster wissenschaftlicher Forschung erklärt die Autorin nicht nur, wie dieser Mangel entsteht. Sie macht auch deutlich, dass es möglich ist, Selbstliebe zu lernen, und begleitet Frauen auf diesem Weg. Sie zeigt ihnen, wie sie ihre Bedürfnisse optimal befriedigen, ihr Leben glücklich und sinnerfüllend gestalten und zu seiner einzigartigen Bedeutung vordringen können, um dann wirklich fähig für wahre Liebe und Partnerschaft zu werden.

Das kleine Buch der Lebenskunst
Lebensweisheit, die wir in der Schule nicht lernten
Peter K. Keller
Geschenkbüchlein, Hardcover, 192 Seiten
ISBN 978-3-86616-096-5

„Alles hat man herausgefunden, nur nicht, wie man lebt", schrieb Jean Paul Sartre. Auch unsere Erziehung hat uns meist nicht beibringen können, welche Energien in uns stecken, wie wir diese entdecken, entfalten und zum eigenen Wohl und für unsere Mitwelt wirkungsvoll und heilsam einsetzen. Das Buch von P.K. Keller regt an, über das eigene Leben nachzudenken, und zeigt in kurzen Reflexionen und Geschichten anschaulich und humorvoll Lebens- und Überlebensstrategien auf. Die einzelnen Denkanstöße, die auch selektiv gelesen werden können, sind Ergebnisse reicher Erfahrung und können dem Leser helfen, seine Probleme besser zu verstehen und zu bewältigen. Zusammenfassungen und Affirmationen prägen sich ein und ermutigen, die Erkenntnisse im Alltag umzusetzen. Dieses Buch der Lebenskunst ist ein Schlüssel zur Erfüllung der eigenen Wünsche, zur sinnvollen und erfolgreichen Lebensgestaltung.